明代登科錄彙編 一

國家圖書館出版品預行編目資料

明代登科錄彙編

本局編輯部彙輯. – 初版. – 臺北市：臺灣學生，1969.12
冊；公分(明代史籍彙刊)

ISBN 978-957-15-1940-1 (全套：精裝)

1. 科舉 2. 明代

573.441　　113003865

明代史籍彙刊

屈萬里主編

國立中央圖書館藏本
明代登科錄彙編
六十五種・明刊本
景印精裝二十二冊
彙輯者：本局編輯部
出版者：臺灣學生書局有限公司
發行人：楊雲龍
發行所：臺灣學生書局有限公司
臺北市和平東路一段七十五巷十一號
郵政劃撥戶：〇〇〇二四六六八號
電話：（〇二）二三九二八一八五
傳真：（〇二）二三九二八一〇五
E-mail:student.book@msa.hinet.net
http://www.studentbook.com.tw
本書局登記證字號：行政院新聞局局版北市業字第玖捌壹號
定價：新臺幣二二〇〇〇元
一九六九年十二月景印初版
二〇二四年四月景印初版二刷

65807-10

敘錄

劉兆祐

明代登科錄彙編，凡收錄登科錄、會試錄、鄉試錄等六十六種，其中兩種不分卷，餘共七十六卷。

昔人舉鄉會試，輒刻硃卷，載本人姓名、字號、籍貫、出生年月日，及上起始祖，下逮兄弟妻室之名諱；硃卷呈禮部，禮部據以彙印同年序齒錄，又稱同年總錄或登科錄。此種文件，在當時祇爲政府之人事檔案，不爲人所重。及至近代，以其詳載一人之家世，且爲最原始之資料，每以之爲考訂傳記之資。清黃蕘圃曾得元刻本元統元年進士題名錄，錢大昕謂於元史大有裨益，勿輕視之；錢氏復據鈔本元統元年進士題名錄一卷，駁正元史數條（並見蕘圃藏書題識），足見其爲用之弘。惜此等資料，在當時之人率不重視，致傳世者甚稀。如趙宋一代，今但存紹興十八年同年小錄與寶祐四年登科錄二種而已。而紹興同年錄之所以倖存者，乃以朱子而傳；寶祐四年登科錄之所以得傳者，則以文天祥故也（見丁丙善本書室藏書志）。

按明自洪武三年（西元一三七〇年）下詔開科取士以來，迄明末共開八十八科（洪武六年至十六年，爲杜虛文應試，曾停開科擧者十年）。明代爲時較近，故登科錄之傳世者視宋元兩朝爲多。明范氏天一閣書目著錄洪武四年至崇禎十三年登科錄五十一種，會試錄三十八種，各地鄉試錄百餘種，網羅最富。今世藏家之有目錄可稽者，則中央研究院藏明代登科錄、會試錄、鄉試錄等二十三種（見中央研究院歷史語言研究所善本書目）；國立中央圖書館藏三十種，前國立北平圖書館所藏今由國立中央圖書館代藏者三十六種（見國立中央圖書館善本書目增訂本）；美國國會圖書館藏十三種（見美國國會圖書館藏中國善本書錄）；他處或尚有之。當此歷史文獻日益凋零之際，此等資料誠有妥爲保存，廣爲印行流傳之必要。然書籍通假不易，爰就國立中央圖書館所藏及代管國立北平圖書館所藏者，合登科錄、會試錄、鄉試錄、武擧錄等，共得六十六種，彙爲一編，命之曰「明代登科錄彙編」。其目如後：

建文二年會試錄一卷殿試登科錄一卷　明陳　迪等編　明烏絲闌鈔本
永樂十年進士登科錄一卷　明呂　震等編　明永樂間刊本
正統十年會試錄　一卷　明錢習禮等編　明正統間刊本
天順元年進士登科錄一卷　明不著編人姓名　明天順間刊本
成化元年山東鄉試錄一卷　明吳　啓等編　明成化間刊本
成化五年進士登科錄一卷　明姚　夔等編　明成化間刊本
成化七年廣西鄉試錄一卷　明單　暘等編　明成化間刊本

成化八年進士登科錄一卷　明鄒　榦等編　明成化間刊本

弘治二年山東鄉試錄一卷　明凌　樞等編　明弘治間刊本

弘治二年湖廣鄉試錄一卷　明林　光等編　明弘治間刊本

弘治五年應天府鄉試錄一卷　明王　鏊等編　明弘治間刊本

弘治九年進士登科錄一卷　明不著編人姓名　明弘治間刊本　近人徐鈞手書題記

弘治十四年應天府鄉試錄一卷　明王　華等編　明弘治十四年刊本

弘治十五年會試錄一卷　明吳　寬等編　明弘治間刊本

弘治十八年進士登科錄一卷　明劉　健等編　明弘治十八年刊本

正德十一年浙江鄉試錄一卷　明彭　流等編　明正德間刊本

正德十四年山東鄉試錄一卷　明胡希銓等編　明正德間刊本

正德十六年登科錄一卷　明不著編人　明正德十六年刊本

嘉靖元年應天府鄉試錄一卷　明董　玘等編　明烏絲闌鈔本

嘉靖七年浙江鄉試錄一卷　明陸　粲等編　明嘉靖七年刊本　近人羅振常手書題記

嘉靖十年順天府鄉試錄一卷　明吳　惠等編　明嘉靖十年刊本

嘉靖十年山西鄉試錄一卷　明莊一俊等編　明嘉靖間刊本

嘉靖十年雲貴鄉試錄一卷　明焦維章等編　明嘉靖間刊本

嘉靖十四年進士登科錄一卷　明夏　言等編　明嘉靖間刊本

嘉靖十六年貴州鄉試錄一卷　明涂　勳等編　明嘉靖間刊本

嘉靖十七年進士登科錄一卷　明嚴　嵩等編　明嘉靖間刊本

嘉靖十七年武舉錄一卷　明張　治等編　明嘉靖間刊本

嘉靖十九年應天府鄉試錄一卷　明張　治等編　明嘉靖間刊本　近人羅振常手跋

嘉靖二十年會試錄一卷　明溫仁和編　明嘉靖間刊本

嘉靖二十三年登科錄一卷　明不著編人姓名　明嘉靖間刊本

嘉靖二十八年應天府鄉試錄一卷　明敖　銑編　明嘉靖間刊本　今人趙元方手書題識

嘉靖二十八年蘇松武舉錄一卷　明饒天民等編　明嘉靖間刊本

嘉靖三十一年山東鄉試錄一卷　明彭　輅等編　明嘉靖間刊本

嘉靖三十一年福建鄉試錄一卷　明朱　文等編　明嘉靖間刊本

嘉靖三十一年福建武舉錄一卷　明汪宗元等編　明嘉靖間刊本

嘉靖癸丑科進士同年便覽錄一卷　明陳　瑚編　影鈔明嘉靖庚申（三十九年）衢州刊本

嘉靖丙辰同年世講錄一卷　明楊道亨編　明隆慶三年刊本

嘉靖三十七年江西鄉試錄一卷　明鄭元韶等編　明嘉靖間刊本

嘉靖三十七年廣東鄉試錄一卷　明施顯卿等編　明嘉靖間刊本

嘉靖三十八年會試錄不分卷　明李　璣等編　明嘉靖間刊本

嘉靖辛酉科山東鄉試同年序齒錄不分卷　明不著編人姓名　明沈曰玟朱絲闌鈔本

嘉靖四十一年進士登科錄一卷　明嚴　訥等編　明嘉靖間刊本

嘉靖四十一年會試錄一卷　明袁　煒等編　明嘉靖四十一年刊本

嘉靖四十三年四川鄉試錄一卷　明鄭孔道等編　明嘉靖間刊本

嘉靖四十四年武舉會試錄一卷　明王大任等編　明嘉靖乙丑（四十四年）刊本

隆慶元年陝西鄉試錄一卷　明袁邦彥等編　明隆慶間刊本

隆慶二年進士登科錄一卷　明高　儀等編　明隆慶間刊本

隆慶二年會試錄一卷　明李春芳等編　明隆慶間刊本

萬曆元年雲南鄉試錄一卷　明陳大訓等編　明萬曆間刊本

萬曆元年貴州鄉試錄一卷　明周　保等編　明萬曆間刊本

萬曆七年河南鄉試錄一卷　明陳　璽等編　明萬曆間刊本

萬曆七年雲南鄉試錄一卷　明李時孳等編　明萬曆間刊本

萬曆八年進士登科錄一卷　明潘　晟等編　明萬曆間刊本　近人羅振常手書題記

萬曆十年浙江鄉試錄一卷　明周　溥等編　明萬曆間刊本

萬曆十三年山東鄉試錄一卷　明王三餘等編　明萬曆間刊本

萬曆丙戌科進士同年總錄一卷　明不著編人姓名　明刊本

萬曆十四年會試錄一卷　明王錫爵等編　明萬曆間刊本

萬曆二十二年山東鄉試錄一卷　明王登才等編　明萬曆間刊本

萬曆二十七年壬辰科進士歷履便覽一卷　不著編人　清淄川畢岱炡手鈔本　畢氏手書題識

萬曆辛丑會試錄一卷　明馮　琦等編　明萬曆間刊本

萬曆三十八年庚戌科序齒錄一卷　明不著編人姓名　明萬曆間刊本　墨批

萬曆己未會試錄一卷　明史繼偕等編　明萬曆間刊本

天啓七年江西鄉試錄一卷　明倪元璐等編　明天啓間刊本　近人羅振常手書題記三則

崇禎十二年山西鄉試序齒錄一卷　明姚　釦等編　明崇禎間刊本

崇禎十二年陝西鄉試錄一卷　明不著編人姓名　明崇禎間刊本

國立中央圖書館，復藏有皇明進士登科考十二卷，明俞憲編，嘉靖二十七年錫山俞氏鴸鳴館刊本；彙輯洪武四年迄嘉靖二十九年，凡五十七科之進士名氏爲一編，爲明代前期一百八十餘年進士題名之總錄。並載歷科詔勅，爲考究明代科擧制度之珍貴史料。爰附錄於彙編之後，以備參考。

殿試登科錄

建文二年三月初一日禮部尚書臣陳迪等官於

奉天門

奏爲科舉事會試天下舉人選中一百一十名本年三月初

二日

廷試合請讀卷及執事等官吏部尚書張紞等二十三員其

進士出身等第照依

欽定資格第一甲例取三名從六品賜進士及第第二甲正七

品賜進士出身第三甲正八品賜同進士出身奉

聖旨是欽此

讀卷官

特進榮祿大夫吏部尚書張　紞　字孟昭陝西渭南人

特進榮祿大夫兵部尚書茹　瑺　字良玉湖廣衡州人監生

特進榮祿大夫工部尚書鄭　賜　字彥嘉甌寧人乙丑進士

嘉議大夫禮部侍郎兼翰林院學士董　倫　字安常恩縣人

通議大夫吏部左侍郎練　安　字子寧江西新淦人乙丑進士

嘉議大夫戶部左侍郎盧　迪　字宗文浙江仙居人鄉貢進士

嘉議大夫大理寺大理卿馬　京　字子高陝西武功人乙丑進士

中順大夫大理寺右少卿高遜志　字士敏徐州蕭縣人

朝列大夫國子祭酒張宗顯　字名遠汀州安化人辛未進士

翰林院侍講承直郎方孝孺　字希直浙江寧海人

受卷官

迪功郎禮科給事中陳　定　字至善宛平人監生

翰林院侍詔解　縉　字大紳江西吉水人戊辰進士

彌封官

從仕郎中書舍人黃　淮　字宗豫浙江永嘉人丁丑進士

迪功郎禮科給事中汪泰

收掌試卷官

文林郎左拾遺戴彝 字德彝浙江奉化人甲戌進士

翰林檢討從仕郎陳誠 字子魯江西吉水人甲戌進士

監試官

承事郎湖廣道監察御史王辰 字伯善浙江金華人

承事郎福建道監察御史田深 字本淵山西稷山人

巡綽官

昭勇將軍金吾前衛指揮使吳浩 直隸滁州人

昭勇將軍金吾後衛指揮使陳　信

知貢舉官

特進榮祿大夫禮部尚書陳　迪　字景道寧國府宣城人

同知貢舉官

資善大夫禮部右侍中黃　觀　字尚賓池州府貴池人辛未進士

印卷官

將仕佐郎禮部司務劉　驥　字原善真定府武强人監生

提調供給官

奉議大夫禮部郎中夏止善　字復初杭州府餘杭人乙丑進士

奉訓大夫禮部員外郎高 謙

字以謙常州府武進人

恩榮次第

建文二年
三月初二日諸貢士赴
內府
廷試
上御
奉天殿
親賜策問

三月初四日
文武百官具服侍班是日錦衣衛設鹵簿于
丹陛丹墀內
上御
奉天殿鴻臚寺官傳
制唱名
禮部官捧
黃榜鼓樂導引出
長安門外張掛畢應天府用傘蓋儀從送狀元歸宅

三月初五日早

賜狀元胡靖等三名朝服官帶衣服

同日

賜宴於會同館宴畢赴鴻臚寺習儀

三月初六日狀元率諸進士上

表謝

恩

三月初七日諸進士詣

先

子廟行釋菜禮

第一甲三名

賜進士及第

胡靖

舊名廣貫江西吉安府吉水縣儒籍縣學生

詩字光大行二年三十一歲二月二十六日生

曾祖鼎亨　祖彌高　父子祺　母吳氏

慈侍下　娶夏氏　兄方大

江西鄉試第二名

會試第八名

王艮

貫江西吉安府吉水縣民籍府學生

書字欽止行一年三十歲六月十五日生

曾祖孟韓　祖與耕　父期尹　母宋氏

慈侍下　娶劉氏　弟偉　徹　持

江西鄉試第一名　會試第七名

李貫

貫江西吉安府廬陵縣民籍國子生

書字子學行四年三十四歲六月十五日生

曾祖叔謙　祖本立　父志沖　母劉氏

具慶下　娶蕭氏　兄子仁

江西癸酉鄉試第七名　會試第十五名

第二甲三十七名

賜進士出身

吳溥

貫江西撫州府崇仁縣民籍國子生

春秋字德潤行二年三十八歲四月初四日生

曾祖文壽　祖審　父逕　母章氏

永感下　娶

江西庚午鄉試第四十四名

會試第一名

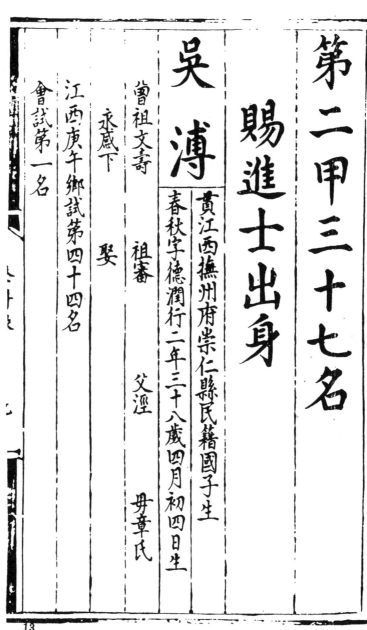

朱塔

貫江西建昌府南豐縣民籍縣學生

書字梯雲行一年二十八歲五月十七日生

曾祖性初　祖士希　父仲宣　母徐氏

慈侍下　娶楊氏

江西鄉試第四十二名　會試第四十八名

楊子榮

貫福建建寧府建安縣民籍府學生

易字勉仁行七年二十九歲十二月初九日生

曾祖伯遜　祖達卿　父伯成　母劉氏

具慶下　娶劉氏　弟子富　子信　子貞

福建鄉試第一名　會試第三名

金幼孜

貫江西臨江府新淦縣民籍縣學生

春秋字幼孜行三年三十歲五月初十日生

曾祖德明　祖仲卿　父守止　母羅氏

慈侍下　娶劉氏　弟幼學　幼孚　幼孝

江西鄉試第九名　會試第十三名

劉現

貫浙江溫州府永嘉縣民籍縣學生

易字朝紳行二年三十三歲四月十九日生

曾祖汝保　祖宜　父南金　母葉氏

慈侍下　娶陳氏　兄覲　弟觀

浙江鄉試第十名　會試第十名

何仕讓

貫江西臨江府新淦縣民籍縣學生

書字仕讓行四年三十二歲十月初六日生

曾祖道升　祖季文　父漢明　母杜氏

永感下　娶習氏　兄仕良　仕恭　弟仕端

江西鄉試第七十四名　會試第四十五名

曾芑

貫福建福州府懷安縣民籍縣學生

春秋字子田行五年三十一歲七月二十九日生

曾祖次春　祖環翁　父上友　母劉氏

慈侍下　娶黃氏

福建鄉試第三十九名　會試第十七名

郇旃

貫直隸淮安府沭陽縣軍籍國子生

詩字惟遜行一年三十二歲二月初四日生

曾祖存義　祖惟禮　父[illegible]咸　母戴氏

慈侍下　娶曹氏　弟樸　弘

應天府鄉試第四十九名　會試第九十九名

方孚

貫江西饒州府樂平縣民籍儒士

易字叔達行四年二十二歲十月二十一日生

曾祖昇　祖昭　父哲　母鄭氏

嚴侍下　娶宋　兄輪　幹　確　弟五塞

應天府鄉試第四十名　會試第五十九名

鄧時俊

貫江西吉安府永豐縣民籍縣學生

春秋字時俊行二年二十八歲五月二十七日生

曾祖聞政　祖壽卿　父佑祥　母袁氏

嚴侍下　娶潘氏　兄時經　弟時永

江西鄉試第五十二名　會試第四十二名

梁成

貫廣東高州府信宜縣民籍國子生

書字成性行一年三十六歲閏十月二十四日生

曾祖冬　祖文遠　父公長　母楊氏

具慶下　娶陸氏　弟善　常　本

應天府鄉試第二十五名　會試第一十九名

張禮聞

貫直隸廣德州民籍州學生

春秋字來學行一年二十九歲十二月初六日生

曾祖仲賓　祖惠之　父近誠　母王氏

具慶下　娶周氏　弟達

應天府鄉試第三十四名　會試第三十名

陳繼之

貫福建興化府莆田縣鹽竈籍儒士

書字以行行十五年三十一歲四月初九日生

曾祖遂　祖進　父宏　母林氏

嚴侍下　娶姚氏　弟祥朔

福建鄉試第五十二名　會試第十一名

吳福

貫浙江寧波府鄞縣民籍國子生

易字好德行一年二十九歲八月十六日生

曾祖慶　祖伯英　父景仁　母陳氏

永感下　娶烏氏　弟善

應天府鄉試第一百三名　會試第七十六名

李敬

貫江西南昌府新建縣民籍國子生

書字仲寅行二年三十一歲二月初四日生

曾祖應合　祖賢佐　父原哲　母徐氏

慈侍下　娶唐氏　兄恭　弟端

應天府鄉試第六十五名　會試第五十四名

顧斌

貫直隸揚州府[illegible]籍州學生

詩字孝才行一年二十五歲七月十八日生

曾祖通甫　祖秸之　父仲良　母張氏

具慶下　娶黃氏　弟瑊

應天府鄉試第二十四名　會試第四十九名

劉福

貫直隸揚州府通州民籍州學生

詩字天祉行三年二十八歲五月初八日生

曾祖乾　祖善甫　父得聰　母袁氏

慈侍下　娶倪氏　兄禧　祥

應天府鄉試第三十一名　會試第六十五名

楊溥

貫湖廣荊州府石首縣軍籍縣學生

書字弘濟行一年二十八歲二月二十一日生

曾祖添佑　祖正　父文獻　母詹氏

具慶下　娶彭氏

湖廣鄉試第一名　會試第二名

黃宗晦

貫四川嘉定州卭縣民籍縣學生

書字克復行二年三十四歲十二月二十五日生

曾祖濟　祖琦　父思誠　母楊氏

永感下　娶劉氏　兄宗賢　弟宗曾

四川鄉試第三十四名　會試第二十一名

陳道潛

貫福建興化府莆田縣民籍府學生

書字孔昭行四十四年三十四歲五月二十二日生

曾祖春　祖安喜　父磐　母亏氏

慈侍下　娶吳氏　兄道亨

福建鄉試第十一名　會試第六十三名

蔣簡

貫浙江台州府臨海縣民籍縣學生

詩字恒廉行一年三十八歲九月十三日生

曾祖德　祖銘　父信道　母王氏

慈侍下　娶金氏

浙江鄉試第二十名　會試第三十五名

葉福

貫福建福州府侯官縣民籍縣學生
詩字叔疇行七年二十七歲九月初五日生
曾祖脊　祖真　父得銘　母謝氏
慈侍下　娶王氏　弟康
福建鄉試第三名　會試第五十七名

傅行

貫江西南昌府進賢縣民籍縣學生
易字德方行一年三十四歲十一月二十二日生
曾祖濟川　祖箕　父詢　母龔氏
具慶下　娶龔氏　弟衍　衢
江西鄉試第四十名　會試第三十一名

馮貴

貫湖廣常德府武陵縣民籍縣學生
禮記字孟敬行一年二十八歲正月十六日生
曾祖子壽　祖永齡　父友直　母方氏
嚴侍下　娶陳氏　弟貞　贊
湖廣鄉試第五名　會試第四十名

王高

貫江西南昌府南昌縣民籍縣學生
詩字彥高行二年二十四歲九月十九日生
曾祖仲銘　祖思齊　父繼和　母陳氏
具慶下　娶徐氏　兄彥政　弟彥清　彥輝
江西鄉試第八名　會試第一十九名

李時

貫江西南昌府南昌縣民籍縣學生

書字宜中行一年二十七歲九月二十日生

曾祖谷卿 祖均受 父思敬 母王氏

具慶下 娶鄧氏 弟昭 明 福 壽

江西鄉試第二十名 會試第一百名

鄧亮

貫江西吉安府吉水縣民籍縣學生

書字子信行五年三十八歲九月十八日生

曾祖俊翁 祖士節 父夔文 母蕭氏

嚴侍下 娶曾氏

江西鄉試第五十四名 會試第九十八名

熊文綬

貫四川成都府內江縣民籍國子生

詩字藻伯行二年二十九歲九月二十一日生

曾祖必先　祖　父　母方氏

永感下　娶方氏　兄添祐

四川庚午鄉試第三十名　會試第八十七名

商惠

貫浙江金華府金華縣民籍縣學生

詩字原達行三年二十七歲十一月二十八日生

曾祖得原　祖子仲　父尚敬　母高氏

永感下　娶葉氏　兄靖　智

浙江鄉試第十五名　會試第六十七名

朱原貞

貫直隸徽州府婺源縣民籍縣學生

詩字季行行二十五年三十一歲十一月二十一日生

曾祖彭　祖復　父震達　母王氏

永感下　娶程氏　兄原厚　原昌　原和

應天府鄉試第一百二十一名　會試第二十五名

周銓

貫直隸鳳陽府懷遠縣民籍縣學生

詩字文衡行二年二十四歲九月十九日生

曾祖仲舉　祖均美　父輝　母張氏

具慶下　娶融氏　兄鑑　弟欽　鈞　鏞

應天府鄉試第二百十一名　會試第五十三名

陳義生

貫福建福州府永福縣　籍國子生

春秋字用貿行十年三十一歲九月二十一日生

曾祖益觀　祖會之　父伯銘　母林氏

永感下　娶張氏

應天府鄉試第二十八名　會試第八十六名

黃鉞

貫直隸蘇州府常熟縣儒籍由監生任湖廣宜章縣典史

書字叔楊行二年三十歲九月二十二日生

曾祖禹疇　祖明德　父觀　母錢氏

具侍下　娶周氏

湖廣鄉試第十九名　會試第六十名

胡濙

貫直隸常州府武進縣民籍縣學生

易字源潔行二年二十八歲四月初八日生

曾祖庸　祖禎　父宗人　母李氏

慈侍下　娶范氏　兄瀚　弟真　安　定　忠

應天府鄉試第二十九名　會試第四十四名

宋彥名

貫江西南昌府南昌縣民籍縣學生

書字子謙行一年二十五歲九月二十三日生

曾祖得新　祖文友　父均美　母劉氏

具慶下　娶端木氏　弟彥英　彥忠　彥清

江西鄉試第二十四名　會試第一百六名

雷塡

貫福建建寧府建安縣民籍府學生

易字原中行二十八年二十六歲十一月二十五日生

曾祖得潤　祖機　父燧　母王氏

永感下　娶宋　兄伯埏　堦　垙

福建鄉試第十二名　會試第九十六名

萬忠

貫江西南昌府新建縣民籍國子生

書字居敬行三年二十九歲三月十八日生

曾祖遵道　祖中立　父閏義　母曹氏

具慶下　娶熊氏　兄均敬　禮敬　弟善敬智敬與敬

應天府鄉試第四十四名　會試第七十一名

秦鳳
貫直隷廬州府舒城縣軍籍縣學生
書字子儀行一年二十七歲八月初四日生
曾祖原五　祖添祐　父璧　母許氏
慈侍下　娶葛氏　弟鴻
應天府鄉試第五十五名　會試第一百九名

顧詳
貫直隷揚州府通州軍籍州學生
詩字文約行二年二十七歲八月二十七日生
曾祖萬六　祖通甫　父任　母王氏
具慶下　娶沈氏　兄誤
應天府鄉試第七十二名　會試第四十四名

應履平

貫浙江寧波府奉化縣民籍縣學生

詩字錫祥行三年二十六歲七月二十四日生

曾祖伯全　祖仲恵　父尹正　母全氏

具慶下　娶宋　兄積平　和平　弟昇平

浙江鄉試第三名　會試第六十三名

潘文奎

貫浙江溫州府永嘉縣民籍國子生

書字景昭行一年三十歲正月二十六日生

曾祖維賢　祖順之　父尹升　母陳氏

慈侍下　娶曹氏

浙江丙子鄉試第五十四名　會試第三十四名

第三甲七十名
賜同進士出身
李敦
貫山西太原府太原縣占籍府學生
書字處厚行一年三十二歲正月二十九日生
曾祖才卿　祖恩　父奉舉　母羅氏
具慶下　娶呂氏　弟敎木
山西鄉試第十一名
會試第六十九名

張聰
貫福建福州府閩縣民籍縣學生
詩字達夫行一年三十歲二月十二日生
曾祖應甫 祖得 父滿 母陳氏
永感下 娶林氏
福建鄉試第八名 會試第二十名

鄧槐
貫湖廣武昌府蒲圻縣軍籍國子生
詩字大材行三年三十二歲九月初三日生
曾祖人山 祖忠 父滋 母徐氏
慈侍下 娶羅氏 兄英 得
湖廣鄉試第二十五名 會試第一百四名

何頴

貫湖廣常德府武陵縣民籍府學生

詩字仲賓行一年三十一歲九月二十八日生

曾祖文彬　祖友善　父德秀　母楊氏

永感下　娶馬氏　弟順

湖廣鄉試第三十九名　會試第十二名

潘義

貫浙江紹興府餘姚縣民籍縣學生

詩字思義行二年三十歲五月初五日生

曾祖梁　祖侃　父文　母盧氏

具慶下　娶王氏　兄純　弟善

浙江鄉試第五十九名　會試第八十名

劉復

貫江西南昌府南昌縣民籍縣學生

詩字性初行二年二十七歲二月二十八日生

曾祖宗文　祖繼忠　父添和　母曹氏

慈侍下　娶徐氏　兄性存　弟性常

江西鄉試第十三名　會試第四十名

陳獻

貫直隸淮安府鹽城縣民籍國子生

書字景賢行一年三十三歲七月二十五日生

曾祖萬四　祖得新　父復一　母喬氏

嚴侍下　娶仲氏　弟祥三　祥四

應天府丙子鄉試第一百六十一名　會試第二十八名

吴琬

貫福建邵武府建寧縣民籍由國子生任湖廣涂川典史
書字德圭行一年三十一歲正月十三日生
曾祖足甫　祖惠卿　父子林　母嚴氏
慈侍下　娶江氏　弟達　琦
福建癸酉鄉試第二十六名　湖廣鄉試第二十三名　會試第四十一名

林洪

貫福建興化府莆田縣軍籍府學生
書字文範行福三年三十歲八月初五日生
曾祖乾　祖良玉　父得貴　母周氏
慈侍下　娶鄭氏　兄與　弟寅賢
福建丙子鄉試第五十名　會試第一百三名

黃重

貫福建興化府莆田縣軍籍府學生
書字孟剛行五年二十八歲正月二十八日生
曾祖續 祖寧 父同 母林氏
永感下 娶柯氏
福建鄉試第三十四名 會試第九十三名

黃胤宗

貫浙江嘉興府海鹽縣儒籍縣學生
易字胤宗行一年三十歲閏三月二十四日生
曾祖澤 祖辰 父文傑 母顧氏
嚴侍下 娶張氏 弟壽宗
浙江鄉試第五十三名 會試第六名

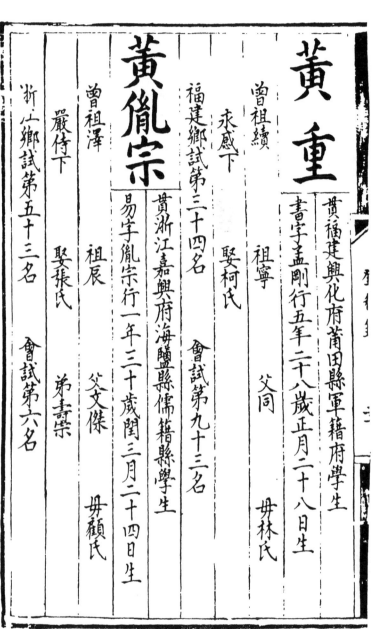

王能

貫直隸鳳陽府鳳陽縣民籍府學生

禮記字克用行二年二十八歲二月初九日生

曾祖理　祖端　父士廉　母周氏

具慶下　娶賈氏　兄賢

應天府鄉試第五名　會試第五名

尹惟忠

貫直隸揚州府通州海門縣民籍國子生

詩字遂良行三年二十七歲三月十六日生

曾祖夢發　祖祥卿　父平　母毛氏

慈侍下　娶顧氏　兄惟孝　弟惟義

應天府鄉試第五十名　會試第七十名

席杲

貫山西大同府應州軍籍州學生

易字特初行二年三十一歲六月二十六日生

曾祖溫　祖彥名　父景賢　母常氏

具慶下　娶李氏　兄敬

山西鄉試第二十九名　會試第八十五名

王彝

貫直隸安慶府懷寧縣民籍縣學生

詩字秉彝行一年三十一歲二月十三日生

曾祖均稅　祖谷英　父仕亨　母何氏

具慶下　娶周氏　弟叔　性

應天府鄉試第一百七十三名　會試第四十二名

劉壽愻

貫浙江紹興府餘姚縣民籍縣學生

春秋字叔順行四年三十一歲七月十九日生

曾祖嵩之　祖文彬　父尹原　母聞氏

永感下　娶朱

浙江鄉試第十五名　會試第六十七名

熊又成

貫江西南昌府南昌縣軍籍府學生

詩字性善行二年三十三歲六月十九日生

曾祖道亨　祖志海　父應方　母萬氏

具慶下　娶張氏

江西鄉試第二十七名　會試第九十四名

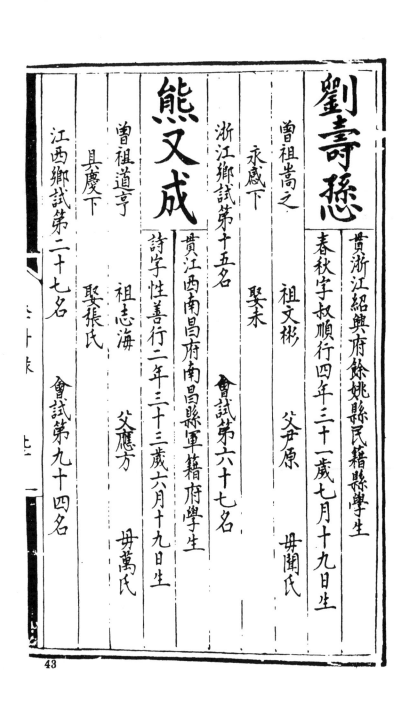

齊政

貫直隸淮安府山陽縣民籍國子生

春秋字用衡行三年二十九歲六月二十二日生

曾祖宗古　祖彥輝　父士英　母周氏

慈侍下　娶孫氏　兄敬　敏

應天府鄉試第二十七名　會試第三十六名

郭秩

貫山西太原府祁縣軍籍國子生

書字惇禮行三年二十八歲三月十九日生

曾祖仲美　祖子文　父汲甫　母王氏

慈侍下　娶孔氏　兄守信

山西丙子鄉試第三十一名　會試第丁丑科中選

閻濟

貫山東兗州府濟寧州民籍府學生

易字汝舟行二年二十七歲九月初九日生

曾祖璲　祖泰　父義　母高氏

具慶下　娶王氏

己卯科鄉試第二名　會試第十八名

嚴升

貫直隸太平府繁昌縣儒籍儒士

易字仲升行二年二十二歲十月十一日生

曾祖政　祖德翁　父永諧　母周氏

具慶下　娶張氏　兄觀

應天府鄉試第二名　會試第十四名

曹嗣宗

貫湖廣郴州秀才鄉民籍州學生
詩字益顯行一年二十六歲九月二十日生
曾祖良伯　祖福可　父克誠　母何氏
具慶下　娶王氏　弟嗣祖
湖廣鄉試第七十九名　會試第八十八名

劉綱

貫河南開封府鈞州民籍州學生
春秋字文紀行一年三十二歲八月初二日生
曾祖琛　祖德忠　父大淵　母吳氏
具慶下　娶李氏
河南鄉試第八名　會試第一百五名

劉得 貫福建建寧府甌寧縣民籍縣學生
詩字彥本行三年三十五歲閏十月初十日生
曾祖孫甫　祖宗賢　父銘　母廖氏
慈侍下　娶林氏　兄道興　弟興
福建鄉試第二十七名　會試第一十六名

任壇 貫浙江寧波府鄞縣軍籍縣學生
書字廷堅行二年二十八歲正月二十二日生
曾祖士得　祖琦　父仲華　母許氏
慈侍下　娶許氏
浙江鄉試第四十二名　會試第一百七名

盧廣

貫直隸鳳陽府壽州民籍國子生
書字彥高行三年二十九歲三月二十二日生
曾祖敬先　祖宗遠　父克孝　母王氏
具慶下　娶王氏　兄廉　庶
應天府鄉試第一十一名　會試第七十三名

李瑀

貫福建建寧府甌寧縣民籍縣學生
易字從善行一年三十五歲十二月二十九日生
曾祖進卿　祖安甫　父彥華　母謝氏
慈侍下　娶江氏　弟璣　源　林
福建鄉試第二十三名　會試第九十名

陳綬

貫福建建寧府甌寧縣民籍縣學生

易字章美行十年三十五歲十月初五日生

曾祖本道 祖恭實 父敬德 母張氏

永感下 娶宋

福建鄉試第十八名 會試第一百一名

徐新

貫浙江台州府黃巖縣軍籍由監生任山西萬泉縣典史

書字德新行六年三十四歲七月三十日生

曾祖山 祖谷 父子成 母相氏

慈侍下 娶陳氏 兄德惟

應天府癸酉鄉試第二十名 山西鄉試第三名 會試第三十八名

劉虬

貫江西吉安府永豐縣儒籍縣學生

春秋字公潛行四年二十六歲九月十四日生

曾祖福遠　祖伯深　父再初　母聶氏

慈侍下　娶高氏　弟蟠　蠡

江西鄉試第三十九名　會試第二十三名

鄭鎬

貫湖廣荊州府石首縣民籍縣學生

書字仲京行三年三十歲正月十五日生

曾祖禮　祖榮秀　父陽　母李氏

具慶下　娶陳氏　兄鉉

湖廣鄉試第六名　會試第二十二名

劉永

貫直隷應天府句容縣民籍縣學生

易字思遠行四年二十六歲七月十四日生

曾祖傑文　祖蔚然　父彥脩　毋張氏

慈侍下　娶湯氏　兄靖　良　謙

應天府鄉試第一百七十名　會試第五十一名

楊澍

貫江西臨江府清江縣民籍府學生

春秋字啓隆行一年三十八歲十一月初一日生

曾祖春　祖括壽　父廷正　毋傅氏

嚴侍下　娶孫氏

江西鄉試第三十名　會試第五十名

唐吉祥

貫直隸徽州府歙縣民籍府學生

詩字彥禎行十四年三十一歲五月十九日生

曾祖清之　祖達甫　父能　母方氏

永感下　娶陸氏

應天府鄉試第八名　會試第七十八名

陳善

貫直隸蘇州府崑山縣民籍縣學生

春秋字之敬行二年二十七歲五月十三日生

曾祖德山　祖茂之　父壽七　母洪氏

具慶下　娶李氏　兄文富　弟良

己卯鄉試第十名　會試第五十八名

汪翁綬

貫浙江湖州府烏程縣民籍府學生

易字文若行二年二十二歲八月初二日生

曾祖良　祖祥　父誠　母費氏

具慶下　娶沈氏　兄綾　弟縉

浙江鄉試第三十九名　會試第四十七名

劉迪簡

貫江西吉安府吉水縣儒籍儒士

書字邁生行一年三十歲二月十六日生

曾祖方春　祖明用　父子轍　母張氏

慈侍下　娶曾氏

江西鄉試第三十三名　會試第六十四名

蔣驥

貫浙江杭州府錢塘縣民籍府學生

春秋字良夫行二年二十一歲十二月初八日生

曾祖和甫　祖秀實　父均美　母姚氏

具慶下　娶金氏　弟駉　駿

浙江鄉試第二名　會試第九十七名

葉瑄

貫浙江衢州府開化縣民籍縣學生

書字文珙行二年二十六歲十月二十二日生

曾祖則榮　祖明初　父德謙　母張氏

慈侍下　娶宋氏　兄儒生　弟文生

浙江鄉試第五十五名　會試第七十七名

陳實

貫河南懷慶府河内縣民籍府學生

易字文獻行三年二十八歲正月十八日生

曾祖圭　祖寬　父福聚　母楊氏

具慶下　娶張氏　兄仲威　仲儀

河南鄉試第四十六名　會試第八十四名

童銓

貫浙江嚴州府淳安縣民籍國子生

春秋字士衡行二年二十九歲八月二十七日生

曾祖原隆　祖仲仁　父叔名　母方氏

慈侍下　娶方氏　兄祥　弟裕

應天府鄉試第六名　會試第九名

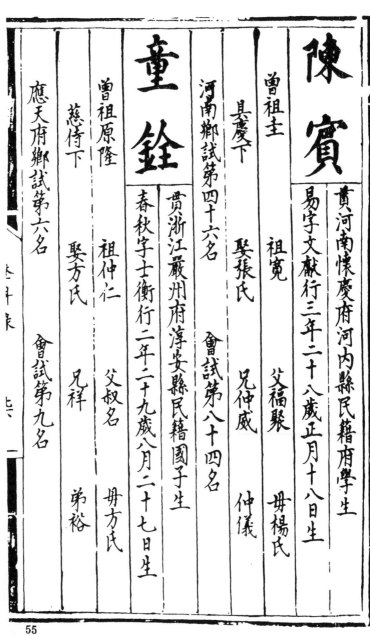

李寅

貫山西平陽府臨汾縣民籍府學生

易字克敬行二年二十八歲十二月二十二日生

曾祖義　祖伯寧　父均美　母楊氏

嚴侍下　娶靳氏　兄賓　弟定　咨　安

山西鄉試第三十三名　會試第六十八名

王郁

貫直隸鳳陽府宿州靈壁縣學生

易字文博行一年三十一歲六月初九日生

曾祖朝　祖通　父聚　母楊氏

嚴侍下　娶高氏　弟闇

應天府鄉試第四十七名　會試第二十五名

薛東

貫浙江温州府永嘉縣民籍國子生

詩字希震行二年二十八歲五月初六日生

曾祖一夔　祖理　父德廣　母許氏

慈侍下　娶陳氏　兄鯁

應天府鄉試第六十八名　會試第八十二名

唐復

貫直隸常州府武進縣民籍府學生

書字永亨行二年三十二歲八月初五日生

曾祖華甫　祖汝文　父誠　母張氏

具慶下　娶杭氏　兄衡

應天府丙子科鄉試第二百五十名　會試第二十六名

俞本

貫直隸太平府蕪湖縣民籍縣學生

詩字景立行二年三十五歲

曾祖志諱　祖繼善　父仲實　母史氏

具慶下　娶周氏　兄俊　弟謙　恭　信　智　睿

應天府鄉試第一百七十五名　會試第七十二名

王政

貫湖廣黃州府蘄州第三坊民籍州學生

禮記字彥貞行三年三十一歲九月二十三日生

曾祖谷堡　祖景春　父勝　母黃氏

具慶下　娶張氏　兄惇　忱

湖廣鄉試第三十七名　會試第二十四名

李謙

貫山西平陽府絳州稷山縣民籍縣學生

詩字子讓行一年三十六歲二月二十六日生

曾祖高　祖受輕　父仲信　母荊氏

具慶下　娶王氏　弟謐

己卯科鄉試第四十六名　會試第九十五名

韓禎

貫河南開封府陳州項城縣民籍縣學生

書字惟祥行二年二十九歲三月十四日生

曾祖良臣　祖遇春　父　母蔡氏

嚴侍下　娶陳氏　兄禮　弟福

河南鄉試第四十七名　會試第八十九名

蕭潭

貫直隸蘇州府吳江縣民籍國子生

春秋字孟南行一年二十九歲十二月初五日生

曾祖信　祖隆　父規　母周氏

具慶下　娶陳氏　弟湘

應天府鄉試第七十名　會試第七十五名

余瀕

貫福建福州府閩縣軍籍由監生任山西岳陽縣典史

春秋字泰熙行五年三十一歲十二月初二日生

曾祖靖　祖元喜　父宗成　母黃氏

慈侍下　娶楊氏　弟漢

山西鄉試第二十八名　會試第八十三名

耿直

貫山東濟南府章丘縣民籍縣學生

易字彥正行三年二十六歲正月初四日生

曾祖泰和　祖仲文　父伯成　母楊氏

具慶下　娶王氏　兄昭　著

山東鄉試第八名　會試第三十七名

石彥成

貫江西南昌府寧縣民籍縣學生

詩字性東行五年三十歲十月十五日生

曾祖亨　祖伯升　父均武　母張氏

具慶下　娶榮氏　兄彥文

江西鄉試第五十九名　會試第三十九名

黃宜

貫福建福州府寧德縣民籍縣學生

禮記字子儀行一年三十歲正月初十日生

曾祖必翁　祖應良　父回　母陳氏

具慶下　娶江氏　弟俍　俌　儼

福建鄉試第五十三名　會試第六十六名

黃諒

貫浙江溫州府永嘉縣民籍縣學生

詩字子貞行二年三十歲十二月三十日生

曾祖堯卿　祖克敬　父文起　母王氏

具慶下　娶葉氏

浙江鄉試第二十二名　會試第一百八名

黃思敬

貫浙江湖州府歸安縣民籍國子生

詩字公儼行二年三十歲正月初十日生

曾祖爵　祖齒　父德　母周氏

慈侍下　娶馮氏　兄茂　弟辰

應天府鄉試第二十三名　會試第三十三名

孫讓

貫直隸應天府溧水縣民籍縣學生

詩字克恭行五年三十歲八月十三日生

曾祖顯　祖富　父貴　母趙氏

慈侍下　娶趙氏　兄謙　弟諤

應天府鄉試第五十八名　會試第一百二名

余存諒

貫廣東肇慶府高要縣民籍府學生

禮記字誠之行一年二十四歲十月初五日生

曾祖朝舉 祖仲達 父子安 母陳氏

具慶下 娶陳氏 弟存善

廣東鄉試第五名 會試第九十二名

顧佐

貫河南開封府太康縣軍籍縣學生

曾祖希覺 祖洞夫 父澄 母岳氏

具慶下 娶韋氏 兄輔 弟睿

河南鄉試第十名 會試第二十七名

顧謙

貫直隷揚州府儀真縣民籍縣學生

書字仲謙行一年二十六歲十月二十一日生

曾祖以成 祖德敬 父任甫 母洪氏

嚴侍下 娶定氏 弟諫 謹 詳 誼 諒 諟 謐

應天府鄉試第四十五名 會試第九十三名

孫完

貫浙江紹興府蕭山縣民籍縣學生

詩字孟學行二年二十六歲九月二十六日生

曾祖景春 祖梅友 父惟善 母吳氏

具慶下 娶張氏 兄孟存 弟孟孳 孟孜

浙江鄉試第三十一名 會試第七十四名

馬驤

貫河南開封府許州郾城縣民籍縣學生

書字致遠行二年二十九歲九月初九日生

曾祖鵬飛　祖成甫　父大存　母趙氏

具慶下　娶李氏　兄馴　弟驥

河南鄉試第十九名　會試第五十六名

武斌

貫山東濟南府濟陽縣民籍府學生

書字希文行三年二十六歲五月初三日生

曾祖武宣　祖名甫　父成　母李氏

具慶下　娶路氏　兄贇　賢

山東鄉試第七名　會試第五十二名

帥用昌

貫江西南昌府奉新縣民籍縣學生

詩字汝陽行一年二十六歲十二月初七日生

曾祖以敬 祖定高 父時中 母胡氏

具慶下 娶張氏 弟用聞 用行 用周 用恕

江西鄉試第二十一名 會試第六十一名

馬彝

貫平燕北平府永清縣民籍國子生

春秋字秉彝行一年三十歲三月初九日生

曾祖良卿 祖士祥 父時中 母張氏

具慶下 娶李氏

應天府鄉試第一百九十九名 會試第九十九名

李泰

貫山東濟南府齊東縣軍籍縣學生

書字安然行一年三十歲八月初九日生

曾祖貴　祖惟中　父伯舉　母高氏

具慶下　娶劉氏

山東鄉試第二十一名　會試第七十九名

御試策題

勑問諸生蓋聞致治之主論

治道之盛必以唐虞三

代爲準堯舜禹湯文武

此數聖人者其德厚矣

然所以本諸身發於政
事施澤于民者其先後
始終亦可得而言歟夫
由親以及疏篤近而舉
遠百王之所同也堯舜

之時黎民於變時雍矣
以親則有象之傲臣則
有共鯀之凶則聖人之
化有所弗及歟抑爲惡
之人有不得而化者歟

朕紹承大統每思古先
聖帝明王之治何脩何
爲而可使家給人足比
屋有可封之俗行何善
政而可使囹圄空虛刑

措不用歟圖治莫切於
用賢而患賢才之難致
化民莫先於敎學而患
禮樂之難興果何由而
可使野無遺賢而民皆

樂於爲善歟玆欲使海
内皞皞熙熙如唐虞三
代時致之必有其道施
爲必有其序諸生習於
聖賢之說久矣其具著

于篇朕將親覽焉

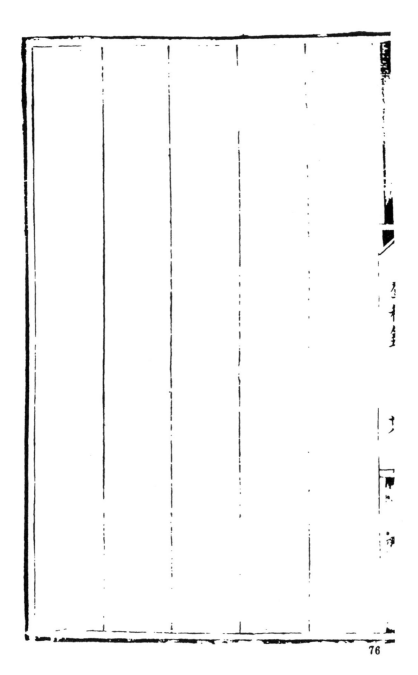

臣胡靖

臣對臣聞孔子曰天地之大德曰生聖人之大寶曰位何以守位曰仁何以聚人曰財理財正辭禁民爲非曰義大哉仁義之道乎堯舜用之而成化禹湯文武用之而致治也有志之君願治之主莫不於是而取法焉稽之於古三代有天下率數百年之久其所以致隆盛者莫不以仁義之道也及其後世之衰亦莫不以不行仁義之故而遂至於不有天下至於論致治之隆民俗之美致賢才之衆興禮樂之盛何莫不由於斯今

陛下以隆古之道致治之由下策徵臣此蓋

陛下之所已行而不待臣之言也雖然天生一代之
聖君必生一代之賢才所以能致非常之治而開非常之太平者由
其能旁求博詢取諸人以爲善者也臣敢不獻切時之正論而
徒角無用之虛文也哉夫堯舜禹湯文武之爲君臯夔稷禼周
召之爲臣都俞吁咈者無非仁義之言賡歌戒飭者無非仁義
之語所以揚言乎廟堂之上而化行乎海隅之中無一民之不
被無一夫之不化而成黎民於變時雍之美然而親則有象之
傲臣則有共鯀之凶亦非聖人仁義之化有所不及而爲惡之
人將聖人有不能化之者故孔子曰惟上智與下愚不移蓋自

暴自棄者雖聖人與居不能化之也豈可以此而病堯舜之治

哉夫天之於物鼓之以雷霆潤之以風雨未嘗不同而發榮滋

長凋瘁銷落有倍蓰而不齊者亦豈天之不能成物也哉聖人

之治亦由是也

陛下思古先帝王之治而欲垂憲於萬世非仁義則不能有所爲也

夫仁義者治天下之大經大用之則大效小用之則小效自

陛下嗣位以來寬租負之徵下養老之

詔省刑罰之繁四海之民莫不欣戴近以陸梁遠近搔動而天下

之民心不搖者此

陛下躬行仁義之效固結於人心者又非一日也此臣所謂
陛下已行之驗者臣願
陛下終始而行之持之以久積之以歲月而不求其近功則何脩而
不得何爲而不成況夫
陛下居至尊之位操可致之柄豈宜簿此而不爲哉夫囹圄非仁義
不空刑罰非仁義不措賢才非仁義不興禮樂非仁義不作故
孔子曰禮云禮云玉帛云乎哉樂云樂云鐘鼓云乎哉又曰人
而不仁如禮何人而不仁如樂何事得其序物得其和則禮樂
見而仁義著矣故仁義之道行之於一身推之於一家又推而

達之國與天下則身脩家齊國治而天下平自有不期然而然
者矣今
陛下舉行仁義於上則公卿大臣躬行仁義於下遠近百執事倡導
仁義以相漸摩而民亦以仁義相教習將見禮樂可興而致鳳
凰來儀之美賢才畢出而致國家咸寧之休囹圄何患其不虛
刑罰何患其不措哉將見唐虞三代之盛熙熙皞皞之俗復見
於今日矣臣固以聖賢仁義之道爲
陛下始終而敷之伏願
陛下不以臣言爲迂而加意篤行則其效將有不止於今日矣抑臣

聞之漢武帝策賢良董仲舒以教化對惜乎武帝不能行也惟
好尙功名而喜於方士以至末年乃有輪臺之悔今
陛下策臣臣以仁義爲對者欲
陛下力行之以致太平使天下後世知
陛下之策臣者求實言而臣之應
陛下者以實對臣雖不敢自儕於仲舒又豈敢以武帝望
陛下爲三代之君臣旣不敢過訑亦不敢激顔
陛下少垂
睿覽非惟臣之幸甚天下幸甚臣謹對

臣王艮

臣對臣聞天下以一人爲主人君以一心爲本人主之心有定向則力行以副之天下雖大豈有難成之事哉欽惟

陛下嗣極以來勵精圖治又進臣等於廷問以唐虞三代之治及方今致治之道施爲之序臣有以見

陛下立心之高矣臣知

陛下可以爲堯舜可以爲禹湯可以爲文武若夫

聖策所問及於此實天下生民無疆之福也臣寧敢隱忍而不言乎謹俯伏以對臣聞隆古之君莫盛於堯舜莫過於禹湯文武

故論堯之德則有欽明文思允恭克讓之備論舜之德則有濬哲文明溫恭允塞之純不矜不伐克寬克仁禹湯之德也明德慎罰聰明齊聖文武之德也是數聖人之德信不可謂不厚矣然求其本諸身者莫先於格物窮理其發於政事施澤於民者則以教化爲先爲始刑罰爲後爲終也是以唐虞三代盛時人君恭己無爲百官和於朝民物和於野熙熙皡皡比屋可封人人有士君子之行其雍熙泰和之治卓乎千萬世之上不可及也然原其所以致此莫非聖人一心之所感也彼象之傲共鯀之凶區區之梗化者乃唐虞盛時之適然未可以此疑聖人之

化衣弗及亦不可以此盡疑爲惡之人不可得而化者也我
朝龍興上承唐虞三代之治
太祖皇帝以神武一海内三十餘年
陛下以聰明睿智紹述大業此
天以啓唐虞三代之治者啓今日矣
陛下旣以堯舜禹湯文武爲心則堯舜禹湯文武之治不難致矣然
人主一心萬化之原必也正心以正朝廷正朝廷以正百官正
百官以正萬民是故生民之富刑罰之措賢才之所以致禮樂
之所以興何者不自

陛下一心之所用也

陛下誠用心於富民則家給人足矣誠用心於措刑則刑措矣誠用

心於求賢才與禮樂則賢才無難致禮樂無難興矣

陛下以大有為之資居可致之位操可致之權何足以此為患哉然

心在於興治則必思去所以蠹其治者與致之利在治之害在

陛下一心轉移之間耳此臣所以惓惓以本諸心而見於事者為

陛下言之古者田皆井授無不受田之家力本者衆浮惰者少是宜

家給人足矣自秦開阡陌井田之制一廢遂使豪强得以兼併

富者田連阡陌貧者無立錐之地因循至今未能革其弊也今

者畫田之制勢不可復

陛下誠能取限田之法期以歲月行之則豪强無兼併窮弱有所養

庸有一家之不給一人之不足哉此臣願

陛下用心以富民者此也古者承流宣化寔責守令守得其人則一郡之民安令得其人則一邑之民安守令之所係不為輕矣

陛下即位以來銓選不可謂不慎採察不可謂不勤矣然天下郡邑未盡得其人此刑所以不能盡措也今也郡邑必得賢者則賦役無不均盜賊無不息寃者得以自伸枉者得以自直疲癃殘疾各遂其生鰥寡孤獨各得其所庸有囹圄之不空者哉此臣

願
陛下用心以措其刑者此也古人用人必先德行後文藝量才而授
職度德而定位大以成大小以成小此賢之所以盡其用也今
也或科目之選或薦辟之責求賢之路固非一端然往往未盡
得其實未足以副
陛下圖治之意者亦以遴選之未甚嚴任使之未甚當耳
陛下誠能舉行考績黜陟之法果賢良也果正直也則進之用之果
姦回也果諂佞也則斥之退之宜賞則與舉主俱受其賞宜罰
則與舉主俱受其罰如是則不賢不肖者不得倖進而賢才無

難黙矣此臣願
陛下用心以致賢才者此也古者人生八歲則入小學教以愛親敬
長之節禮樂射御書數之文及其十有五年則入大學教以窮
理盡性脩己治人之方俟其有成然後登用今也學校之士專
事文墨而於古人脩德之功憒然不之省是以未足以副
陛下化民之意也
陛下誠能詔天下郡縣自令選擇居鄉有孝悌或資性淳厚者入學
教養倣胡瑗之法設經義治事之齋經義者各治一經治事者
各治一事各有成倣然後充貢則庶幾古者養士之法而禮樂

無難興者矣臣願
陛下用心以興禮樂者此也夫均利以足民擇守令以措刑愼選舉
以致賢才興學校以隆禮樂當今致治之道寧不在此乎施爲
之序寧不以此乎
陛下立心如此堯舜禹湯文武之心也誠能力行以副之則今日之
俗卽唐虞三代比屋可封之俗今日之風卽唐虞三代刑措不
用之風矣野無遺賢民樂於爲善者又豈異於唐虞三代之時
乎
陛下終始是心則國家之幸天下之大幸也顧臣智識淺陋不足以

奉

明詔祗冒

天威不勝戰慄之至臣謹對

臣李貫

臣對臣聞古今之時雖異帝王之治則同何則人主一心萬化
之本原有二帝三王之心即有二帝三王之治故人主治天下
而欲法乎前聖必先端此心以為出治之本其心同則其治同
帝王盛治豈以古今而有間歟欽惟
皇帝陛下肇嗣大寶之初誕布惟新之政
詔臣等于廷問以唐虞三代之治而欲遠追帝王熙皞之盛顧
臣愚昧何足以知之敢不精白一心以對揚
聖天子之休命夫二帝三王之治古今天下之所共稱而英君誼辟

之所共法欲法其道必求其心故心同則道同道同則治無異

矣帝堯以克明峻德親睦九族平章百姓推而致黎民於變之

風舜以重華協帝而命九官咨岳牧而致庶績咸熙之效禹以

克勤克儉而曆數以歸成湯克寬克仁而彰信兆民文王徽柔

懿恭日昃不遑而小民咸和武王惇信明義崇德報功而萬姓

悅服是數聖人者莫不以脩身為本明德為先故能自身而家

自家而國而天下其惠澤施於民者固自有先後始終之不同

也且夫由親逮疏篤近舉遠豈惟堯舜為然千萬世之後百王

之所同然也然而以堯舜之聖則親有象之傲臣則有共驩之

凶豈聖人之化有所弗及者耶聖人德化之被四表格上下雖
海隅之遠莫不昭灼而彼凶傲之終不能歸於善者殆孔子所
謂下愚不移孟軻所謂自暴自棄故雖聖人與居不能化而入
也今
陛下膺文明之運迓天平之曆天命人心之所歸謳歌朝覲之所屬
宗戚顧戴之深
先帝付託之重而
陛下深念
祖宗創業之難今日持盈守成之不易孜孜求賢勵精圖治良有以

知
陛下之心即堯舜禹湯文武之心也臣又聞古之天下即今之天下
今之天下亦古之天下帝王不易民而化力行如何耳若欲如
隆古之家給人足比屋可封囹圄空虛刑措不用當思六府三
事何從而脩和天命天討何由而民信使掌民食者如后稷掌
教民者如契爲司徒位冢宰者如伊傅周召掌刑如臯陶之淑
問蘇公之式敬文王虞芮之質成則帝力何有之歌九功惟叙
之戒可使長存也關雎麟趾之化由庚魚麗之什可使不廢也
唐虞三代之盛夫豈不可致哉若欲如隆古之用人而野無遺

賢輿學而民皆樂於爲善當思何爲而九德咸事何爲而宅俊登用庠序何以明人倫禮樂何以陶人心誠能如堯舜之困窮不廢成湯之立賢無方則八元八愷可立于朝藹藹王多吉士可復卷阿之盛也誠能如此上自王宮國都下至閭巷莫不有學制禮以明其序作樂以導其和則人人可有士君子之行而治隆於上俗美於下矣唐虞三代之盛又豈不可致哉臣嘗觀漢唐以來人主之治天下未嘗不欲追配前古儷美帝王而不能者蓋有圖治之名而無圖治之實所謂實者無非心乎帝王之心而已稽之典用所載人心道心精一執中堯舜禹相授之

心法也建中於民惟皇作極湯武相傳之心法也堯舜禹湯文
武之治率皆此心之所推焉今
陛下能心乎帝王之心真不世出可謂大有為之君矣臣奚以多言
為臣願
陛下尊其所聞行其所知明理欲之幾審志之所向何者為人心道
心何者為建中建極兢業於萬幾圖難於其易必謹於自奉然
後四海無窮民必勤以率人然後百官無曠職某賢未用吾何
以用之既用又何以察之其政未脩吾思所以理之至如公卿
守令之進退中國蠻夷之安否禮樂典章之或闕紀綱法令之

或黙咸究之於心揆之於理時省而遠行之則身修家齊國治
而天下平而一視同仁邇可及遠何患海内之皡皡熈熈不能
如唐虞三代欲如唐虞三代又何患致之無其道施爲無其序
哉將見上行下效風移俗易咸三登五之治在乎
今日唐虞三代之盛豈得專美於前臣不勝惓惓惟
陛下裁擇焉臣謹對

皇明會試錄

會試錄敘

天地之氣有盛衰而生才隨之氣之盛也敦大忠厚之人多而天下治氣之衰也險薄佻許之徒衆而危亂作聖人中兩間而立所以輔相天地者豈有他哉

凡以保合培護是氣使之充盈
而不至於消靡以病乎生才也
自唐虞以來賢才衆多之世未
有不由人主作興以成之者人
主豈能強人以爲才也哉能勿
傷是氣而已爾

大明啓運我

太祖高皇帝以雄才神略戡定萬方
孝康皇帝以至德深恩煦植邦本所
以輔相極其盛矣今
皇帝卽大位篤紹前烈一以仁義爲
治
朝廷之上和厚博大之士相繼而
出天地之氣昆侖會合賢才之

衆其不在茲時乎建文二年春
天下之士貢於鄉者咸就試于
禮部蓋幾及千人
上愼重選掄之任俾倫等司其去取
恭率諸儒不敢懈以二月九日
至二十有五日畢得士若干人
可謂盛哉然才之生也資乎天

地而其成也復能佐佑人主以
贊天地之功使天地之氣和非
特賢才輩出而五穀登羣生遂
嘉祥畢集海宇晏寧靡有一物
失其所者
上方日新
聖德以圖至治多士爲時而出輔庶

政而永
鴻業使斯民重見二帝三王之
盛豈非天下之所深重望於將
來者乎
嘉議大夫禮部侍郎兼翰林學
士貝川董倫敘

會試錄序

皇上嗣寶曆之二年大比天下士英
翹俊乂之材受鄉薦而會試春
闈者幾千人禮部尚書陳公迪
右侍郎黃公觀同知貢舉前期
以考試官爲請特命禮部侍郎
兼翰林學士董公倫太常右少

卿高遜志典文衡以綜其事同
預校藝者右拾遺朱逢吉暨脩
史官吳勤葉惠仲趙友士徐旭
張秉彝監試御史王度俞士吉
以二月八日入院越十有七日
而畢晨興夜寐殫力竭慮而披
閱之文理粹而華實兼者旣選

擇而不遺詞義乖而旨趣異者
亦黜落而靡貸參互考繹僉議
克諧而始揭名焉烏乎古昔盛
時獻鄉書而登天府之名偕計
吏而署奉常之籍雖濟濟多士
而幸遇其會卒成其業克遂其
志者幾何人哉矧今

聖明御宇文軌混同而貢舉著于甲
令三十有餘年矣魁公鉅卿胥
此焉出而奇勳偉蹟垂光簡冊
以彰
一代之盛者固無以加矣士君
子風承嚮接趾美于前又不啻
倍蓰焉將見以其所學施諸有

政而有司之事卿大夫之職輔
相之業皆其夙習而素講者豈
特見諸空言而已自
先朝以來登巍科取上第者其氏
名之所紀載具存而弗泯況當
皇上龍飛之初建文之始而泰運方
開者乎昔賢有云士非科目不

能以自達夫旣達矣所以致
君堯舜而康濟斯民者可不勉諸
建文二年歲在庚辰春二月望
後十日中順大夫太常寺右少
卿高遜志謹序

總提調官

知貢舉事

特進榮祿大夫禮部尚書陳　迪　景道寧國府宣城縣人

同知貢舉事

資善大夫禮部右侍郎黃　觀　尚賓池州府貴池縣人辛未進士

考試官

嘉議大夫禮部侍郎兼翰林學士董　倫　安常東昌府恩縣人

中順大夫太常寺右少卿高遜志　士敏徐州蕭縣人

同考試官

承事郎右拾遺朱逢吉 以貞嘉興府崇德縣人

修史官知州徐旭 孟昭饒州府樂平縣人乙丑進士

修史官知縣葉惠仲 台州臨海縣人

修史官迪功佐郎國子監助教趙友士 志道建寧府甌寧縣人

修史官楚府教授吳勤 孟勤吉安府安福縣人

修史官訓導張秉彝 金華府武義縣人

監試官

承事郎山東道監察御史王度 子中惠州歸善縣人儒士

承事郎廣西道監察御史俞士吉 用貞寧國府象山縣人鄉貢進士

提調官

奉議大夫禮部郎中夏止善 復初杭州府餘杭縣人乙丑進士

印卷官

奉訓大夫禮部員外郎高謙 以謙常州府武進縣人

收掌試卷官

奉政大夫戶部郎中陳宗問 寧波府鄞縣人辛未進士

從仕郎中書舍人唐恕 存恕饒州府浮梁縣人丁丑進士

受卷官

奉議大夫刑部郎中范敬先 思祖南昌府新建縣人戊辰進士

從仕郎中書舍人鄒進 吉安府萬安縣人丁丑進士

彌封官

奉直大夫吏部員外郎盧義 希正嚴州府淳安縣人戊辰進士

廸功郎行人司行人周鐸 師教臨江府新淦縣人丁丑進士

謄錄官

廸功郎行人司行人路確 志堅懷慶府河內縣人甲戌進士

山東益都縣儒學教諭李珉 仲玉河南府宜陽縣人鄉貢進士

對讀官

從仕郎中書舍人朱思平 廷準台州府天台縣人丁丑進士

迪功郎行人司行人張　壽　永昌陳州項城縣人 丁丑進士

河南尉氏縣儒學教諭陳　恪　以教青州府臨朐縣人

江西玉山縣儒學訓導鄭冀良　嚴州府壽昌縣人

常州府武進縣儒學訓導朱子建　金華府義烏縣人

巡綽官

武德將軍留守中衛正千户趙　綱　鳳陽府人

武畧將軍神策衛副千户楊　新　湖廣人

搜檢官

忠顯校尉神策衛所鎮撫尹　煥　鳳陽府人

昭信校尉留守中衛百戶沈　暹　湖州府人

監門官

昭信校尉廣洋衛百戶陳　鼎　滁州人

昭信校尉廣洋衛百戶胡　福　廬州人

供給官

承直郎應天府通判趙　縉　居敬濟南府長山縣人

承直郎上元縣縣丞秦　觀　文中杭州府錢塘縣人

迪功郎江寧縣主簿李　琪　良玉黃州府麻城縣人

掌行科舉文字

禮部典吏　陳脩道　淮安府人

供給

應天府典吏　劉寛　淮安府人

第一場

四書義

事君敬其事而後其食

孔子之謂集大成集大成也者金聲而玉振之也

子謂子產有君子之道四焉其行己也恭其事上也敬其養民也惠其使民也義

易

乾道變化各正性命保合大和乃利貞首出

庶物萬國咸寧

日月麗乎天百穀草木麗乎土重明以麗乎

正乃化成天下

乾知大始坤作成物乾以易知坤以簡能

九二在師中吉无咎王三錫命象曰在師中

吉承天寵也王三錫命懷萬邦也

書

惟王不邇聲色不殖貨利德懋懋官功懋懋

賞用人惟已改過不吝克寬克仁彰信

兆民
明王慎德四夷咸賓無有遠邇畢獻方物
野無遺賢萬邦咸寧稽于衆舍己從人不虐
無告不廢困窮惟帝時克
居上克明爲下克忠與人不求備檢身若不
及以至于有萬邦

詩

蓼彼蕭斯零露湑兮既見君子我心寫兮燕
笑語兮是以有譽處兮

比于文王其德靡悔既受帝祉施于孫子

無封靡于爾邦維王其崇之念玆戎功繼序

其皇之

思樂泮水薄采其芹魯侯戾止言觀其旂其

旂茷茷鸞聲噦噦無小無大從公于邁

春秋

單伯會齊侯宋公衛侯鄭伯于鄄（莊公十四年）

齊侯宋公陳侯衛侯鄭伯會于鄄（莊公

十五年）會齊侯宋公陳侯衛侯鄭伯許男

滑伯滕子同盟于幽 莊公十六年 公會齊
侯宋公陳侯鄭伯同盟于幽 莊公二十七年
齊仲孫來 閔公元年 齊高子來盟 閔公二年
楚屈完來盟于師盟于召陵 僖公四年 齊侯使
國佐如師及國佐盟于袁婁 成公二年
公會齊侯于夾谷 定公十年 齊人來歸鄆讙龜
陰田 定公十年 叔孫州仇帥師墮郈季孫
斯仲孫何忌帥師墮費 定公十二年

禮記

禮樂刑政其極一也所以同民心而出治道

也

王者功成作樂治定制禮

立愛自親始教民睦也立敬自長始教民順

也

禮節民心樂和民聲政以行之刑以防之禮

樂刑政四達而不悖則王道備矣

第二場

論

大一統

詔

擬漢文帝求直言極諫之士詔

誥

擬唐韓愈授京兆尹兼御史大夫誥

表

擬唐張九齡拜中書令謝表

判語　五條

因公擅科斂

風憲官吏受贓

在官求索借貸人財物

罪人拒捕

知情藏匿有罪

第三場

策五問

問舜禹之事見于經其授受之際詳矣而傳稱舜既老而南巡狩至于蒼梧之野其地去中國幾萬里何聖人之不憚煩歟

且舜既以天下薦禹矣何爲而復躬出巡于外歟舜之年已百餘歲矣禹寧忍使舜跋履山川之險遠歟聖人之事學者所宜知也願相與講之

問天下之事有似緩而實急者其惟教化乎教化明則風俗厚風俗厚則禮義興民德歸於厚矣唐虞三代之世治隆於上俗美於下其所以致雍熙泰和之盛者果何道而致之歟今

聖天子宵旰圖治好生之德洽于民明良相遇千載一時伊欲正人心厚風俗躋斯民於雍熙泰和之域使人人有士君子之行設施之道其要何先諸君子抱經濟之才明體用之學行將大用化民成俗之方願聞其說

問古者用兵之學在乎將帥得人將得其人則料敵制勝風驅電掃所向莫之能禦也稽之兩漢唐宋有智將勇將有重望

之將有仁義之將具載方冊可得而枚舉歟當其用兵行師嚴紀律知合變戰勝攻取其皆熟於韜略也歟今之良將即古之良將其用兵也智勇兼全有奇有正若之何而戰必勝攻必取如古良將之立功也歟諸君子文事武備韜略之書亦嘗講之究古之法爲今之用其悉陳其方略

問自昔用人之法成周有鄉舉里選漢有賢

良孝弟等科逮夫唐宋始設科以文藝
取士果何代之法爲最歟我
朝用人有科舉之令有胄監之選有材幹之貢
三者果孰爲盡善而可以行之歟若夫
選舉考覈歷代各有其法其詳可得而
悉聞歟抑可施之於今歟願聞其說
問成周寓兵於農比閭族黨之民皆伍兩軍
旅之師漢唐寓農於兵起田閭者爲吏
卒罷衛士者業農桑若府兵更番之制

是也至於後世籍民爲兵蠲其租徭給
以弓矢訓練而簡閱之亦獲用於當時
我
朝以神武定天下三十有餘年矣兵力之強方
於成周漢唐宋之遺制亦有同歟其設
施措置之方抑有可言者歟願聞其說

會試中式舉人

第一名	吳溥	江西撫州府崇仁縣人監生	春秋
第二名	楊溥	湖廣荊州府石首縣人縣學生	書
第三名	楊子榮	福建建寧府建安縣人府學生	易
第四名	劉復	江西南昌府南昌縣人縣學生	詩
第五名	王能	直隸鳳陽府鳳陽縣人府學生	禮記
第六名	黃胤宗	浙江嘉興府海鹽縣人府學生	易
第七名	王艮	江西吉安府吉水縣人府學生	書
第八名	胡廣	江西吉安府吉水縣人縣學生	詩

第九名 童銓 浙江嚴州府淳安縣人監生 春秋

第十名 劉現 浙江溫州府永嘉縣人縣學生 易

第十一名 陳繼之 福建興化府莆田縣人儒士 書

第十二名 何頵 湖廣常德府武陵縣人府學生 詩

第十三名 金幼孜 江西臨江府新淦縣人縣學生 春秋

第十四名 嚴升 直隸太平府繁昌縣人儒士 易

第十五名 李貫 江西吉安府廬陵縣人監生 書

第十六名 劉得 福建建寧府甌寧縣人縣學生 詩

第十七名 曾芑 福建福州府懷安縣人縣學生 春秋

第十八名　閻濟　山東兗州府濟寧州人府學生　易

第十九名　梁成　廣東高州府信宜縣人監生　書

第二十名　張聰　福建福州府閩縣人縣學生　詩

第二十一名　黃宗敏　四川嘉定州邛縣人縣學生　書

第二十二名　商惠　浙江金華府金華縣人縣學生　詩

第二十三名　劉虬　江西吉安府永豐縣人縣學生　春秋

第二十四名　王政　湖廣黃州府蘄州人州學生　禮記

第二十五名　王郁　直隸鳳陽府定遠縣人縣學生　易

第二十六名　唐復　直隸常州府武進縣人監生　書

第二十七名　顧佐　河南開封府太康縣人縣學生　詩

第二十八名　陳獻　直隸淮安府鹽城縣人監生　書

第二十九名　王高　江西南昌府南昌縣人縣學生　詩

第三十名　張禮闕　直隸廣德州人州學生　春秋

第三十一名　傅行　江西南昌府進賢縣人縣學生　易

第三十二名　鄭鎬　湖廣荊州府石首縣人縣學生　書

第三十三名　黃思敬　浙江湖州府歸安縣人監生　詩

第三十四名　潘文奎　浙江溫州府永嘉縣人監生　書

第三十五名　蔣簡　浙江台州府臨海縣人縣學生　詩

第三十六名　齊政　直隸淮安府山陽縣人監生　春秋

第三十七名　耿直　山東濟南府章丘縣人縣學生　易

第三十八名　徐新　浙江台州府黃岩縣人萬全縣典史　書

第三十九名　石彥誠　江西南昌府寧縣人縣學生　詩

第四十名　馮貴　湖廣常德府武寧縣人縣學生　禮記

第四十一名　吳琥　福建邵武府建寧縣人漢川縣典史　書

第四十二名　王彝　直隸安慶府懷寧縣人縣學生　詩

第四十三名　鄧時俊　江西吉安府永豐縣人縣學生　春秋

第四十四名　胡瀠　直隸常州府武進縣人縣學生　易

第四十五名　何士讓　江西臨江府新淦縣人縣學生　書

第四十六名　顧　詳　直隸揚州府通州人州學生　詩

第四十七名　汪翁　綬　浙江湖州府烏程縣人府學生　易

第四十八名　朱　塔　江西建昌府南豐縣人縣學生　書

第四十九名　顧　斌　直隸揚州府高郵州人州學生　詩

第五十名　楊　瀲　江西臨江府清江縣人府學生　春秋

第五十一名　劉　永　應天府句容縣人縣學生　易

第五十二名　武　斌　山東濟南府濟陽縣人府學生　書

第五十三名　周　銓　直隸鳳陽府懷遠縣人縣學生　詩

第五十四名 李敬 江西南昌府新建縣人監生 詩

第五十五名 朱原直 直隸徽州府婺源縣人縣學生 書

第五十六名 馬讓 河南開封府郾城縣人縣學生 詩

第五十七名 葉福 福建福州府侯官縣人縣學生 詩

第五十八名 陳善 直隸蘇州府崑山縣人縣學生 春秋

第五十九名 方孚 江西饒州府樂平縣人儒士 易

第六十名 黃鉞 直隸蘇州府常熟縣人宣書縣吏 書

第六十一名 帥用昌 江西南昌府奉新縣人縣學生 詩

第六十二名 陳道潛 福建興化府莆田縣人府學生 書

第六十三名　應履平　浙江寧波府奉化縣人縣學生　詩
第六十四名　劉迪簡　江西吉安府吉水縣人儒士　書
第六十五名　劉福　直隸揚州府通州人州學生　詩
第六十六名　黄宜　福建福州府寧德縣人縣學生　禮記
第六十七名　劉壽懋　浙江紹興府餘姚縣人縣學生　春秋
第六十八名　李寅　山西平陽府臨汾縣人府學生　易
第六十九名　李敦　山西太原府太原縣人府學生　書
第七十名　尹惟忠　直隸揚州府海門縣人監生　詩
第七十一名　萬忠　江西南昌府新建縣人監生　書

第七十二名　俞本　直隸太平府蕪湖縣人縣學生　詩

第七十三名　盧廣　直隸鳳陽府壽州人監生　書

第七十四名　孫完　浙江紹興府蕭山縣人縣學生　詩

第七十五名　蕭潭　直隸蘇州府吳江縣人府學生　春秋

第七十六名　吳福　浙江寧波府鄞縣人監生　易

第七十七名　葉瑄　浙江衢州府開化縣人縣學生　書

第七十八名　唐吉祥　直隸徽州府歙縣人府學生　詩

第七十九名　李泰　山東濟南府齊東縣人縣學生　書

第八十名　潘義　浙江紹興府餘姚縣人縣學生　詩

第八十一名	顧　謙	直隸揚州府儀真縣人縣學生	書
第八十二名	薛　東	浙江温州府永嘉縣人監生	詩
第八十三名	俞　灝	福建福州府閩縣人岳陽縣典史	春秋
第八十四名	陳　賓	河南懷慶府河内縣人府學生	易
第八十五名	席　杲	山西大同府應州人州學生	易
第八十六名	陳義生	福建福州府永福縣人監生	春秋
第八十七名	熊文綬	四川成都府内江縣人監生	書
第八十八名	曹嗣宗	湖廣郴州人州學生	詩
第八十九名	韓　禎	河南開封府項城縣人縣學生	書

第九十名　李瑀　福建建寧府甌寧縣人縣學生　易

第九十一名　馬彝　北平府永清縣人監生　春秋

第九十二名　余存諒　廣東肇慶府高要縣人府學生　禮記

第九十三名　黃重　福建興化府莆田縣人府學生　書

第九十四名　熊文成　江西南昌府南昌縣人府學生　詩

第九十五名　李謙　山西平陽府稷山縣人縣學生　書

第九十六名　雷填　福建建寧府建安縣人府學生　易

第九十七名　蔣驥　浙江杭州府錢塘縣人府學生　春秋

第九十八名　鄧亮　江西吉安府吉水縣人縣學生　書

第九十九名　郇旋　直隸淮安府山陽縣人監生　詩

第一百名　李時　江西南昌府南昌縣人縣學生　書

第一百一名　陳綬　福建建寧府甌寧縣人縣學生　易

第一百二名　孫讓　應天府溧水縣人縣學生　詩

第一百三名　林洪　福建興化府莆田縣人府學生　書

第一百四名　鄧槐　湖廣武昌府蒲圻縣人監生　詩

第一百五名　劉綱　河南開封府鈞州人州學生　春秋

第一百六名　宋彥明　江西南昌府南昌縣人府學生　書

第一百七名　任壇　浙江寧波府鄞縣人縣學生　書

第一百八名　黄諒　浙江温州府永嘉縣人縣學生　詩

第一百九名　秦鳳　直隸廬州府舒城縣人縣學生　書

四書義

孔子之謂集大成集大成也者金聲而玉振之也

第一名吳溥

初考官徐知州批

此篇發明透徹諸卷所無非拘拘記寫陳言者

考試官高少卿批

此卷四書如初考

欲論夫聖道之全體必喻以聲樂之大成夫特中之聖固無一德之不全而大成之樂亦豈有一音

之不備哉夫子之聖非止於一德也全體渾然泛應曲當時行則行固非局於夷之淸也時止則止亦非拘於尹之任也可速而速可久而久又非偏於惠之和也蓋自其知之所及而言則類夫金聲之始自其德之所就而言則類夫玉振之終是非聖德之全體而何夫樂非止於一音也必八音竝奏則金以始之玉以終之然絲非止於絲必匏土之相宣也竹非止於竹必革木之相和也或宮而濁或商而淸無一音之不相協也或律而陽或呂

而陰無一調之不相貫也翕如純如奏之而極其變也皦如繹如節之以成其章也故以條理之始而言則可以喻吾夫子之智以條理之終而言則可以喻吾夫子之聖非聲之大成而何蓋嘗論之金之聲不能爲玉之振猶夷之清不能爲惠之和然則絲之不能爲竹土之不能爲匏革之不能爲木亦豈不猶惠之不能爲尹尹之不能爲夷也哉夫三子之偏於一固不足以擬聖人全體之盛而八音之偏於一者亦豈可以稱夫聲樂之大成也

哉惟能集衆善以爲全體集衆音以爲大成則中
和之樂可奏之
天子之廷而時中之道建諸天地而不悖矣尚何
一德一音之足論哉

易義

九二在師中吉无咎王三錫命象曰在師中
吉承天寵也王三錫命懷萬邦也

第三名楊子榮

初考官趙助教批　文簡而理備瑩潔而無疵明

於經者也

考試官高少卿批　經義發明題意親切縝密高

選無忝

考試官董學士批　明易者多不能發先聖之微意

此卷得之可取

爻言大臣盡處師之道而獲錫命之至象明大臣得寵任之專而有成功之大夫當出師之任者非有剛中之德固不可也非有寵任之專亦不可也是以在師中時有其德而當其任者非師九二之

大臣其孰能與於此嘗謂寵任專則權制重剛而中則兵衆服令以此而觀之九陽爻也二居下卦之中剛而得中矣以是受出師之任烏得無吉而有咎乎上應六五之君六柔順也五居上卦之中柔而得中矣以是命出師之臣烏得不專而無寵乎然大臣處師之道既盡其善則人君寵遇之禮必極其隆是以恩命之錫不惟有一錫之榮而有再錫之重不惟有再錫之重而又有三錫之隆矣錫至於再三則獲寵任之至者可見矣周公係爻

于前吾夫子申象于後謂夫二之在師中吉者以其承天之寵也王之三錫其命者所以懷服乎萬邦也蓋出師重事也不有寵任之專則無權制之重令也承天之寵任則盡處師之善矣萬邦至廣也不褒其成功之大則不能懷服乎遠令也錫命至於再三則可以懷服乎萬邦矣爻象交贊乎九二之義寧有餘蘊矣抑觀師之彖辭有曰師貞丈人吉无咎蓋出師之道貴以其正能以衆正則王者之師矣然又貴乎任老成之人則得吉而无咎

蓋丈人者長老之稱才德爲衆之所服者剛中而應行險而順非丈人其誰與然則卦辭所謂師貞丈人吉无咎惟九二之大臣足以當之也

書義

惟王不邇聲色不殖貨利德懋懋官功懋懋賞用人惟已改過不吝克寬克仁彰信兆民

第三十二名鄭鎬

初考官朱拾遺批　詞理明暢

考試官高少卿批　此卷七篇皆平正四書義尤整潔

考試官董學士批　三場可取

聖人惟能絶夫私欲之累故能公於人己之間而
君德昭乎於天下也蓋聖人一心初無兩用於善
則不欲於利故不爲聲色貨利之所移則用人處
己無不得其當而君德昭著乎信於天下矣昔者
仲虺美成湯之德謂夫掌於樂師列於嬪御者皆
聲色也人之易以動其心惟王則不邇焉蓋以禮
制心而不留情於聲不溺志於色也產於天地成

於人力者皆貨利也人之易以惑其志惟王則不殖焉蓋以義制事天下之貨恩與天下共之初不豐殖以爲一己之資天下之利恩與天下同之初不惟欲以爲一己之致也斯蓋聖人絕夫私欲之累者然也夫惟聖人絕夫私欲故賢者脩德而我官之能者脩業而我賞之三德而爲大夫六德而爲諸侯非私爵之也因其懋於德而懋之以官土田以錫其國車服以旌其功非私與之也因其懋於功而懋之以賞用人惟己而人之有善無不容

改過不吝而已之不善無不改斯蓋聖人能公於人己之間者然也不惟是也湯於臨民之際則寬以居之仁以愛之焉觀其除其邪虐撫民以寬則其克寬可知矣然寬不止於寬而曰克寬蓋寬而不失於縱也觀其子惠困窮民服厥命則其克仁可知矣然仁不止曰仁而曰克仁蓋仁而不至於懦也湯惟仁以立其體寬以致其用是以君德之著孚契於人心自西自東自南自北無思不服而昭明於天下矣蓋不邇不殖天德也克寬克仁君

德也聖人惟純乎天德故本原澄澈而用人處己無不得其當聖人惟能備夫君德故臨民之道而天下之人莫不欣慕而愛戴吁湯之德足人聽聞者如此當其代夏也蓋出於天人之交迫而爲是不得已之舉豈其有一毫利天下之心乎聖人之心猶不自安仲虺作誥以明不得不爲而不失其正之意先言立君而天之命湯者不可辭次言湯德足以得民心而民歸湯者非一日末言爲君艱難之道人心離合之機天道福善禍淫之可畏以

明今日之受戛非以利己乃有無窮之恤以深慰湯而釋其漸仲虺之忠愛可謂至矣然湯之慚恐來世以爲口實者仲虺終不敢謂無也君臣之分其可畏如此哉

春秋義

單伯會齊侯宋公衛侯鄭伯于鄄 莊公十四年 齊侯宋公陳侯衛侯鄭伯會于鄄 莊公十五年 會齊侯宋公陳侯衛侯鄭伯許男滑伯滕子同盟于幽 莊公十六年 公會齊侯宋公

陳侯鄭伯同盟于幽 莊公二十七年

第一名吳溥

初考官徐知州批 此卷七篇議論筆力非他卷所及蓋諸卷之傑作也本房春秋毋慮百餘卷而立意行文大率以陳腐之言文其淺近之意讀之使人悶悶忽得此卷如獲至寶拔之以魁本經孰曰不宜

考試官高少卿批 此卷經義發齊桓創伯之說及墮郈墮費之事以見聖化行王制定了無餘蘊非深於春秋者不能及此三復之餘擊節歎賞

禮講於圖伯故內臣既合而復離信講於尊王故望國始疑而終信是可以驗人心尊王黜伯之天矣夫齊桓襲累世海岱之隆而假先王賜履之舊此北杏之會開端造始方將以伯業令天下然四國雖會魯猶未至魯蓋為天下之望人心從違每於魯乎觀魯苟未協則諸侯未易遽服而伯業亦未易遽圖也是以于鄄之會齊桓正欲假魯以率諸侯而成已之伯業而我公則進退惟谷將行乎未可也將辭乎亦未可也單伯之往吾知其有所

受命矣踰年春再會于鄄地猶前日之地也諸侯猶前日之諸侯也而三恪之陳且復至矣使魯而一再至則焉知齊之伯業不由是而遂成乎而魯則曰未也一王之靈如日在天我爲周之懿親周禮猶在詎忍裂冠毀冕而甘心謟事於翔伯之齊哉是以前日之集雖聞命而旣往今茲之會竟辭命而弗行茲非禮講於圖伯故內臣旣合而復離乎自是桓公亦悔于厥心思改前轍謂夫伯圖不足以致人心之服而尊王之義必可以感人心之同

於是于幽有盟乃彰然以尊周爲事故大而宋陳
衛鄭之國小而許滑滕子之邦衣冠玉帛翕然來
從而我公則曰桓公此舉其迹近是其事近正而
其中則未可保其終也茲所以不能無疑焉故是
役也我公雖在春秋則沒而不書越十年而再有
于幽之盟地猶前日之地諸侯猶前日之諸侯而
齊桓尊王之心猶前日尊王之心也孰謂作僞伯
圖而執義之堅乃如是耶蓋自是而不疑矣以魯
而不疑齊則天下諸侯無疑齊者矣故是會也我

公既與春秋則書而不諱茲非信講於尊王故望
國始疑而終信乎由是而齊桓信義益著于天下
召陵盟而遠人服救邢城而三亡存諸侯果能推
伯之力首止會而儲位定葵丘盟而五禁明王室
果賴尊獎之功柰何春秋之季晉伯既衰齊芬不
續以諸侯貳而徵會則非推伯以外楚而同盟則
非尊周於是我公有不與盟者矣大夫有請從君
惠於會者矣一匡天下九合諸侯此五伯所以桓
公為盛也

詩義

比于文王其德靡悔既受帝祉施于孫子

第三十五名蔣簡

初考官葉知縣批　議論深得經意鋪敘詳明宜

置前列

考試官高少卿批　詩巻佳者不易多得此翹然

而出者也

考試官董學士批　此巻説文王之大德受天命延

及於無窮理自如此

聖人之德無不純故能受命于天而垂裕於後也夫大德者必受命聖人之德極其純則受命之效其能已於一世乎嘗觀此詩乃叙太王泰伯王季之德以及文王伐密伐崇之事也且帝遷明德太王之德也無得而稱泰伯之德也其德克明王季之德也至于文王光于四方顯于西土而其德尤無遺恨者焉觀其小心翼翼之敬緝熙敬止之誠與夫純亦不已之妙是皆其德之無遺恨者矣其德如是故能受天命而興王業焉是以命此文王

非天之私夫文王也文王之受天命者以其厥德不回也有命既集非天之眷夫文王也文王之膺天眷以其不大聲以色也上帝之祉文王既有以受之子孫之遠文王必有以施之也繩繩蟄蟄子孫之衆爲何如穆穆皇皇子孫之賢又何如不惟本宗百世爲天子支庶百世亦皆爲諸侯矣卜世三十卜年八百文王非私於其後也一皆靡悔之德之所致也又豈無所自乎抑又論之禹有孜孜之德而能造乎四百載之夏湯有日躋之德而能

肇乎六百祀之商矧文王有靡悔之德安得不受天命而延及於無窮視禹湯爲益盛哉噫盛矣

禮記義

禮樂刑政其極一也所以同民心而出治道也

第五名王能

考試官高少卿批　發明精深文亦雅馴高選不疑

考試官董學士批　此篇文理詳明蓋深通禮學眞之於前甚合公論

知聖人總天下之治而歸于一皆有以體至中之理當知聖人合天下之心而定于一因有以闡至治之理至哉中着天下之大本乎中外無治治外無中惟聖人原中以爲治故能因天下以治天下歟何則聖人之治天下也其紛然不齊之中未嘗無秩然有紀者在焉故三千三百之儀所以繩束夫人之筋骸而脩飾人之啓處者人孰不知其為禮而不知皆是極之所由寓也六律八音之作所以道迪夫人之情性而調適夫人之血氣者人孰

不知其爲樂而不知皆是極之所由運也凡立爲不孝不弟之刑設爲不婣不睦之刑俾人兢懼振惕而不敢越於禮樂之外者雖刑也無非是極之

發揮

發號施令以正天下之不正者雖政也亦無非是極之流刑極寓於禮樂則禮不至於廢樂不至於淫極寓於刑政則刑不病於慘刻而政不流於姑息順而行之無有不當爲治之道孰有加於此哉凡民同有是心莫不同具是極所貴乎聖人

圖回治道不過即其出於人心者也因其有是辭讓之心吾則以領惡全好之禮而達之於治而禮非自我而出由人心出也因其有是羞惡之心吾則以移風易俗之樂而達之於治而樂非自我而出由人心出也因其有是惡惡之心吾則制爲五刑以治之而刑亦非自我而出由人心出也因其有是善善之心吾則設爲八政以治之而政亦非自我而出由人心出也以其心之同然者而推之於治則天下之大又豈有外於此哉嗟夫聖人之

治天下不外乎一天以之清地以之寧聖人執之以爲天下之準的一者何即極是也以數而言强名曰一以中而言强名曰極蘊之於內强名曰心施之於治强名曰道皆不離乎一貫之理人君必欲會其治之至一以合人心而爲一亦所謂守其極者而已一生二二生三皆是極也奚必屑然於政治間哉故曰惟天下之一爲能一天下之不一

論

大一統

第一名吳溥

初考官徐知州批　此一論滔滔不竭始言當時之一統繼言聖人一統之法終歸於公羊子不失命題之意非作者不能實與前塲相稱可敬可敬

考試官高少卿批　論有發明足見學識

考試官董學士批　文詞豐贍理亦明白

大明一統六合同春正貞元會合之際
聖作物覩之時感雲龍風虎於一機來玉帛衣冠
於萬國皇風清穆治教休明自生民以來未有盛

於
今日者也況我
聖天子嗣大歷服之初體天地以爲心法堯舜以
爲治際天所覆極地所載凡有血氣者莫不尊親
其一統之盛爲何如耶雖然豈惟
今日爲然也思昔唐虞之世東漸西被朔南亦暨
聲敎訖于四海五載一巡狩群后四朝時月由是
而協律度由是而同其一統之盛又何如耶抑豈
惟唐虞爲然若塗山之玉帛萬國東都之會同有

繹其治化雖不足以儗無爲之盛而天下之一統猶自若也柰何黍離增憂菀栁興歎寵妾賵而君道廢祝聃射而臣道乖獻舞歸而夷狄橫周之政教號令不行於天下乆矣吾夫子祖述堯舜憲章文武上律天時下襲水土拳拳於斯世者無日不動興周之念然鳳鳥不至河不出圖又不能不興已矣乎之歎故不以托之空言自足必以載諸行事爲宜於是刪詩書定禮樂贊周易而春秋則主尊王室攘夷狄而作也蓋王者天下之共主而禮

樂征伐之權所自出天冠地屨其分截然豈諸侯所得而干哉亦豈外夷所得而犯哉吾知聖人作經之旨厥有在矣吾知聖人之所感者深矣斯時也東澤束薪西道茂草懷西歸之好音者誰歟北方可圖南風日競畏簡書之大義者又誰歟自小白入齊王道降而伯矣聖人固爲王室憂及辰陵既盟伯權又降而夷矣則聖人爲中國之憂者又何如哉故聖人書春而必繼之以王蓋以王者當奉天時以出治書王而冠於正月之上必以王道

正其始使萬國諸侯咸知一王之靈如日在天凡我周之臣子皆當念沔水朝宗之義與水木本原之恩而奉王朝之正朔則西周之美可尋文武之緒不墜而世道之降亦未必不可挽而上也蓋王室者天下之根本中國者夷狄之觀瞻使中國君臣之分旣明則蠻夷戎狄雖不可以盡殄然遏絕亂略無俾作慝必將有賢方伯任其事如申伯之蕃四國韓侯之扞不庭冠冕尊嚴遐衝折服必不至於堂階陵夷之甚也奈之何吾聖人有德無位

徒假二百四十二年南面之權立百王之大法爲
萬世之準繩以昭示天下後世抑豈得已哉苟使
吾聖人值當今
聖明之盛必其以斯道致吾
君於堯舜之上陶吾民於禮樂之中治化之盛將
見超唐虞軼三代矣西狩之麟將與神龜龍馬同
一文明之應春秋之事一無可紀而公羊子奚容
一辭之贅哉吁
又

第三十四名潘文奎

初考官張訓導批　此論發明親切反覆抑揚開闔深
得聖人作春秋之旨實異於衆作宜寘前例

考試官高少卿批　一論冠場詔亦古雅

考試官董學士批　議論切當識如初考

春秋道名分而大居正王者施政教而大一統所以繫天下之心也昔者二帝肇興三王繼作上則君明而臣良下則民淳而俗厚紀綱法度粲然而昭明禮樂刑政四達而不悖車書混一四海會同大

而星羅棊布之國莫不盡夫維屏維翰之職而國異政者無有焉小而聚廬托處之衆莫不秉夫流水朝宗之心而家殊俗者無有焉唐虞三代之盛爲何如哉吁使天下皆斯世也則聖人之心可以無憂矣春秋之書可以無作矣奈何世入春秋周室衰微王綱解紐爲君者俯從下堂之禮爲臣者爭懷挾主之權君臣上下之分蕩然矣夫子生於斯時有德無位於是近聘於齊魯之邦遠游於陳衛諸國而欲冀其一遇以行斯道將以道名分而

大居正攘夷狄而尊王室使斯世復見二帝三王之治故曰如有用我者吾其爲東周乎又曰苟有用我者朞月而已可也三年有成其憂世行道之意切矣奈何尼封未就而卒沮於晏嬰魯相未幾而終間於女樂是以或遲遲而行或接淅而行而終於不遇也雖然道固不可得而行矣而天理民彝之懿則不可以不明也君臣上下之分則不可以不正也於是因魯史以脩春秋假二伯四十二年南面之權予奪筆削斷自聖心書春於王之上

于以見君之當奉乎天書王於正月之上于以見臣之當奉乎君所以著大統之義而正萬世君臣之大分也其扶綱常隹世道豈淺淺哉惜乎亂臣賊子雖得懼於一時而聖人之道不得行於斯世可慨也夫雖然道之在人心者萬世猶一日也顧力行何如耳欽惟我朝

聖人在御體正居中勵精圖治心二帝三王之心行二帝三王之道際天所覆極地所載凡有血氣者莫不尊親則大一統之治復見於

今日矣愚何幸身逢賓興之盛

策

第一問

第八名胡廣

初考官葉知縣批　此篇援引經傳剖析詳明非惟

見其該博抑且表其斷決文辭通暢非他卷所及

考試官高少卿批　此篇文理暢而智識明施之事

爲必有可用

考試官董學士批　此策所答頗合問意有議論

有識見終以精一執中之說與夫誠意正心脩己治人之
道以爲學尤佳
蓋聞天下之事有一言足以破其疑有屢言不足
以解其惑一言足以破其疑者稽之於經而可信
屢言不足以解其惑者考之於傳而難信此所以
成千百載可疑之事而發爲今日可疑之問也愚
不敏請稽諸經而援諸傳以對夫可信莫如經可
疑莫如傳若置疑於經而取信於傳則天下之事
不足信矣舜禹之事惟以經折衷之可也其授受

之際詳見於書至其巡狩之事不過曰至于岱宗
而未言至於他焉司馬遷史記乃曰舜南巡狩至
於蒼梧之野而孟子曰舜生於諸馮遷於負夏卒
於鳴條其事之不同言之有異不能不致疑於其
間也以是二者而論之抑不知孰得而孰失孰是
而孰非抑不知舜果至於蒼梧之野歟果卒於鳴
條之地歟自燔禁之禍既與古先聖王之道不幸
使人不能無疑者言之者非一也尚賴聖人援之
心法不泥人猶得以有所參考夫堯老而舜攝位

也舜居天子之位而行天子之事其朝覲巡狩封山濬川象五刑誅四凶皆在攝政二十八載之間及其踐祚惟命官一事而已故曰無爲而治者其舜也與夫巡狩之事又非在禹禪位之時明矣夫言有所疑事有所難必折之於傳不若折之於經折之於經不若斷之於一心故曰一言足以破其疑者此也雖然孟子之時去聖人之時若此其遠也馬遷之時去孟子若此其近也而其言之不一論之不同況愚生於數千百載之後而敢妄議聖

人之事於數千載之上哉抑愚又有說焉聖人之事學者所當務者精一之傳執中之說推而至於誠意正心之方脩己治人之道竊願學焉進而教之幸甚

第四問

第一名吳溥

初考官徐知州批　此策足見該博終歸於銓選者之得人尤爲確論

考試官高少卿批　策五篇學博而才贍文辭又

足以發之者也

考試官董學士批　文暢理明

對爲治之要莫先於任人而任人之道莫公於選舉莫嚴於考覈故上自成周下逮漢唐宋其法制固有詳略之殊而人材之賢否亦互見也試以成周鄉舉里選言之則司徒教三物而興學矣司馬辨官材而定其論矣太宰詔廢置而持其柄矣内史則贊予奪而式於中司士則掌其版而知其數是故棫樸之人材至於濟濟之多卷阿之吉士至

於藹藹之盛其得人之效固可見矣漢有孝悌力田茂材賢良唐有秀才明經進士俊士明法明筆一史三史開元禮道舉童子宋有進士武舉諸科而當時得人之賢否亦有可論者矣如董仲舒魏相則以賢良對策舉王吉蓋寬饒則以孝廉舉蕭望之匡衡貢禹倪寬則以明經舉則漢之科目固可謂得人矣然徐淑舉孝廉而不逃冒年之責陳湯舉茂材而有不奔父喪之咎又果可謂之得人乎唐婁師德之薦狄仁傑韓昌黎之排老佛李絳之

直道進退陸宣公之論諫則皆由進士而舉也張九齡以道侔伊呂進韓休以文經邦國進姜公輔裴度以直言極諫進唐之得人亦可謂盛矣然皇甫鎛賈餗牛僧孺亦由此而進又果可謂之得人乎若宋富弼蘇軾則由制科而進者也蘇易簡楊文公則由宏詞而進者也杜祁公韓魏公王文正歐陽公李文靖又皆由進士而舉者也宋之得人莫盛於此然以丁謂之奸邪則亦由此而進矣由是觀之則取人之法成周爲最善而得人之效亦

惟成周之盛也至我
朝用人則有科舉之令有胄監之選有材幹之貢名非不美法非不詳然論其得人之實則賢否相半得失互見未可以一二數請稽古以明之夫九德咸事俊乂在官皆唐虞所用之人也克知三有宅心灼見三有俊心此文武所以知人之明也在漢則以郡縣守相之高第者爲二千石二千石之有治行者然後爲九卿九卿之稱職者然後爲御史大夫然張釋之十年不得調楊雄三世不徙官

尚未有資格之拘也至成帝建始四年始制常侍曹尚書一人主公卿二千石曹尚書一人主郡國而銓選之制遂始於此毛玠在魏而所擢皆清正之士山濤在晉則甄拔人物各為題目而奏之及後魏崔亮遂定為格制不問士之賢否專以停解日月為斷而後魏失人則自亮始也唐文選則吏部主之武選則兵部主之其法有四一曰身取其體貌豐偉二曰言取其言詞辨正三曰書取其楷法遒美四曰判取其文理優長其五品以上不試

六品以下始集而試觀其書判已試而銓察其身言其取人之術可謂詳矣然考覈之法亦豈得而略哉是故唐虞則三載考績三考黜陟幽明成周則三歲大計羣吏之治而誅賞之漢宣帝地節二年自丞相以下各奉職奏事考試功能唐有四善二十七㝡曰德義有聞曰清謹名著曰公平可稱曰恪勤匪懈所謂四善是也若夫獻可替否拾遺補過則近侍之㝡也銓衡人物擢盡才良則選司之最也揚清激濁褒貶必當則考校之最也若以

禮官之最而言則禮制儀式動合經典以樂官之
最而言則八音克諧不失節奏是也自判事而下
以至倉庫牧官鎮防亦莫不各有最焉一最四善
爲上上一最三善爲上中一最二善爲上下無最
而有二善者次之無最而有一善者又次之善最
不聞斯爲下矣其考績之法孰有加於此哉嗟夫
劔有雌雄惟張華爲能別馬有駑驥惟伯樂爲能
識人有賢否惟公道爲能鑑使令之執政果能推
至公至明之心選舉必精考覈必當則賢愚不得

以混淆眞僞不得以相冒將見百工惟時皆如唐
虞節儉正直皆如成周矣尚何兩漢唐宋之足論
哉書曰野無遺賢萬邦咸寧詩曰濟濟多士文王
以寧正有望於
今日

永樂十年進士登科錄

玉音

永樂十年二月二十六日禮部尚書臣呂震於
奉天門
奏為科舉事會試天下舉人選中一百六名
例於三月初一日
殿試合請讀卷執事等官吏部尚書兼詹事府詹事
臣蹇義等翰林院學士兼左春坊大學士臣胡

廣等三十二員其進士出身等第恭依
太祖皇帝欽定資格第一甲例取三名第一名從六品
第二名第三名正七品賜進士及第第二甲從七
品賜進士出身第三甲正八品賜同進士出身奉
聖旨是欽此
讀卷官
資政大夫吏部尚書兼詹事府詹事蹇義 乙丑進士
資政大夫户部尚書夏原吉 庚午貢士
資政大夫兵部尚書兼詹事府詹事金忠 儒士
資善大夫兵部尚書方賓 監生

嘉議大夫都察院右副都御史王彰 丁卯貢士

翰林院學士奉政大夫兼左春坊大學士胡廣 庚辰進士

奉政大夫右春坊大學士兼翰林院侍讀黃淮 丁丑進士

奉政大夫右春坊右庶子兼翰林院侍講楊榮 庚辰進士

監試官

承事郎北京道監察御史周鑄 監生

承事郎廣西道監察御史項民燮 儒士

受卷官

翰林院編脩文林郎周孟簡 甲申進士

翰林院編脩承事郎苗衷 辛卯進士
徵事郎禮科左給事中江貞 甲申進士
承事郎刑科都給事中曹潤 甲申進士
彌封官
奉直大夫鴻臚寺左少卿孫伯堅 監生
翰林院編脩文林郎陳全 丙戌進士
承事郎兵科都給事中倪峻 庚午貢士
承事郎工科都給事中文郁 儒士
掌卷官
翰林院脩撰儒林郎王英 甲申進士

徵事郎吏科右給事中羅亨信 甲申進士

承事郎户科都給事中李晟 己卯貢士

巡綽官

昭勇將軍錦衣衛掌衛事都指揮僉事紀綱

懷遠將軍錦衣衛指揮同知潘諝

懷遠將軍金吾前衛指揮同知翟成

昭勇將軍金吾後衛指揮使劉[illegible]

提調官

資政大夫禮部尚書呂震 甲子貢士

印卷官

奉議大夫禮部郎中方彥禎

奉議大夫禮部郎中李[illegible]禎 甲申進士

供給官

奉訓大夫禮部員外郎滕霄 監生

禮部員外郎黃寀 癸酉貢士

承直郎禮部主事歐陽俊 甲申進士

恩榮次第

永樂十年

三月初一日早貢士赴

內府

廷試

上御

奉天殿

親賜策問

三月初四日早

錦衣衛設鹵簿于
丹陛丹墀内
上御
奉天殿鴻臚寺官傳
制唱名
文武百官具朝服侍班
禮部官捧
黃榜鼓樂導引出
長安門外張掛畢應天府官用傘盖儀從送狀
元歸第

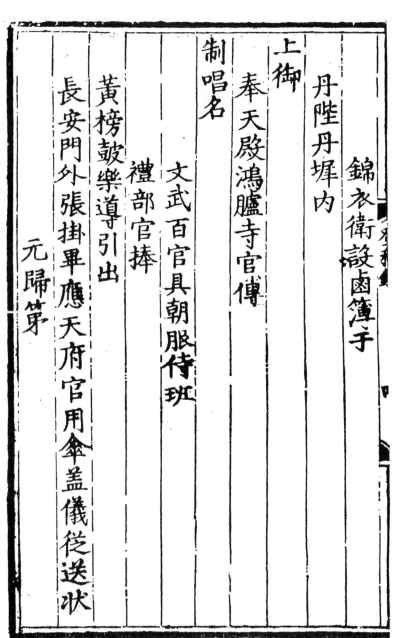

三月初五日早

賜狀元朝服冠帶

同日

賜宴於會同館宴畢赴

鴻臚寺習儀

三月初六日狀元率諸進士上

表謝

恩

三月初七日狀諸進士詣

先師孔子廟行釋菜禮

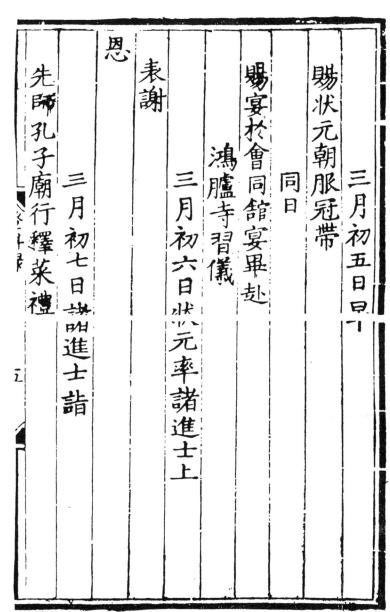

三月　日工部奉

旨於國子監立石題名

第一甲三名

賜進士及第

馬鐸

貫福建福州府長樂縣大宏里民籍國子生治
易經字彥聲行五年四十五歲十一月初六日生
曾祖源夫　祖伯載　父谷進　嫡母卓氏
生母林氏　永感下　娶鄭氏
應天府鄉試十八名
會試四十名

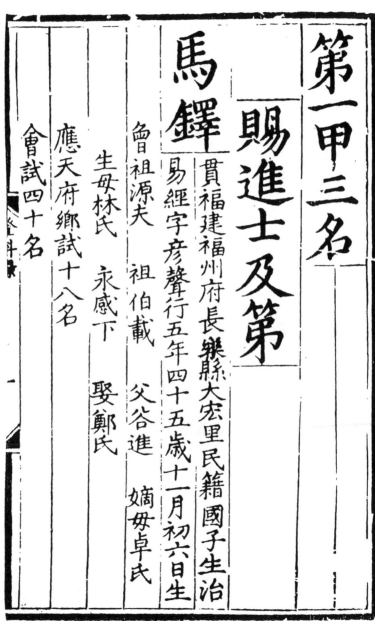

林誌 貫福建福州府閩縣左一坊民籍府學生治易
經字尚默行八年三十五歲八月初四日生
曾祖清　祖顒　父興祖　母游氏
永感下　娶陳氏
福建鄉試第一名　會試第一名

王鈺 貫浙江紹興府諸暨縣西安鄉六十五都民籍國
子生治書經字孟堅行十六年二十九歲九月二十七日生
曾祖艮 元淮東宣慰司副使　祖仲楚 元紹興路經歷　父堂　母史氏
慈侍下　兄鍾　娶陳氏
浙江鄉試六十八名　會試第二名

第二甲

賜進士出身

貫福建福州府閩縣南津坊民籍國子生治詩經

戴乾

字自强行六年四十二歲十月初六日生

曾祖曾 祖禧 父斯文 母張氏 永感下

弟器 心忠 衡 堅 娶林氏

福建鄉試九十一名

會試六十九名

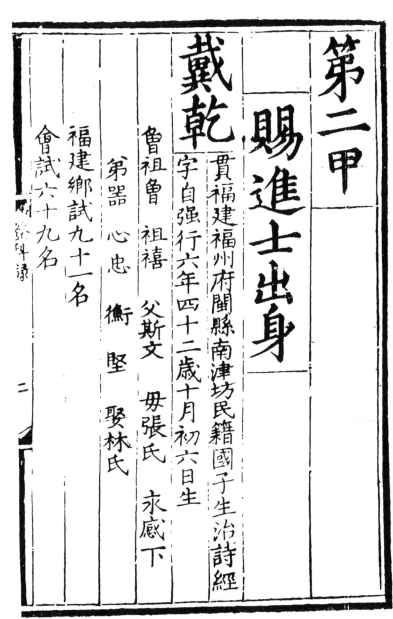

饒安

貫江西撫州府崇仁縣東耆民籍國子生治禮記字用中行三年三十五歲五月二十八日生

曾祖德和　祖可達　父伯英　母甘氏　慈侍下

兄仕中　執中　弟美中　娶黃氏　再娶虞氏

江西鄉試第五名　會試六十八名

劉翀

貫山東兗州府濟寧州西草橋第一圖民籍國子生治詩經字雲高行三年二十八歲四月十九日生

曾祖居士　祖克遜　父敬　母張氏　具慶下

兄翰　翼　娶陶氏

山東鄉試第一名　會試十五名

劉咸

貫江西吉安府泰和縣千秋鄉四十一都軍籍儒士
治易經字士皆行三年二十五歲十二月二十八日生
曾祖慶源　祖存善　父仲良　母廖氏　具慶下
兄霞　坤　弟適　灋　洵　遐　艮　娶曾氏
江西鄉試三十六名　會試九十八名

鄭閤

貫福建福州府閩縣左一坊民籍國子生治禮記
字公望行九年三十八歲三月二十一日生
曾祖文通　祖仲寅　父彥長　母陳氏　永感下
兄闕　閣　娶余氏
應天府鄉試三十四名　會試第五名

揚伸

貫直隸蘇州府常熟縣太平鄉十五都民籍國子
生治書經字孟舒行二十一年二十九歲二月初五日生
曾祖德全　祖彥芳　父福　母趙氏　具慶下
兄景春　娶趙氏
應天府鄉試五十五名　會試三十四名

鮑英

貫江西南昌府南昌縣南隅四社民籍冠帶舉人
治書經字育之行二年三十三歲二月十四日生
曾祖子五　祖受卿　父顯宗　母徐氏　具慶下
兄先　弟俊　傑　娶張氏
江西鄉試一百六十四名　會試十一名

陳端

貫浙江温州府平陽縣金洲鄉二十二都民籍縣學
生治易經字執中行四十六年二十七歲九月二十五日生
曾祖印翁元建安書院山長　祖文舉　父子深　嫡母顧氏
生母曹氏　慈侍下　兄悠中　未娶
浙江鄉試二十二名　會試八十五名

孫曦

貫福建福州府侯官縣右一坊第二圖民籍府學生
治詩經字明遠行三年二十九歲四月初八日生
曾祖善長　祖伯善　父徹　母李氏　具慶下
弟曄　曦　娶游氏
福建鄉試第九名　會試九十七名

鄭皐義

貫浙江寧波府鄞縣西北隅民籍國子生治書經字
公宜行三年二十四歲十一月三十日生
曾祖必達 祖以昇 父孟芳 母周氏 具慶下
兄秉義 弟廣義 叙義 永義 娶范氏
浙江鄉試八十四名 會試二十四名

黃澤

貫福建福州府閩縣左二坊民籍府學生治詩經
字孚仲行八年二十八歲十一月二十五日生
曾祖均華 祖仲康 父泰 母宋氏 具慶下
弟潛 澄 娶陳氏
福建鄉試第二名 會試五十三名

顧巽

貫浙江寧波府慈谿縣西嶼鄉坊隅民籍縣學生

治詩經字與倦行六年三十四歲八月十九日生

曾祖仲和　祖純甫　父均輔　母徐氏　具慶下

娶陳氏

浙江鄉試六十四名　會試二十二名

蔣禮

貫直隸和州在城第六里民籍冠帶舉人治詩

經字敬之行一年三十三歲二月二十四日生

曾祖谷華　祖子端　父閎　母孔氏　嚴侍下

娶嚴氏

應天府鄉試一百八十七名　會試三十名

楊政

貫江西吉安府吉水縣同水鄉六十二都民籍縣學

生治詩經字惟政行二年三十五歲六月二十五日生

曾祖季淑　祖祖武　父子讓　母陳氏　慈侍下

兄修德　弟惟省　惟靖　惟宣　惟占　娶蕭氏

江西鄉試一百五十五名　會試八十六名

郭公緒

貫江西吉安府泰和縣千秋鄉四十八都民籍國子

生治書經字公緒行一年三十三歲二月十七日生

曾祖臣卿　祖慶宗　父彥常　母蕭氏　慈侍下

弟公承（任萬安縣儒學訓導）　公綸　娶胡氏

江西鄉試一百四十九名　會試四十五名

盧質中

貫福建興化府莆田縣奉谷里第十四圖民籍 國

子生治書經字質中行二年三十九歲六月十八日生

曾祖肇 祖大觀 父彥華 母曾氏 永感下

弟細 娶黃氏

應天府鄉試四十四名 會試八十七名

曾鼎

貫江西吉安府永豐縣遷鶯鄉十、都民籍縣學

生治禮記字復鈜行十二年二十四歲正月十四日生

曾祖良翰 元經定教諭 祖用先 壬子科舉人 父公達 母陳氏 具慶下

兄殷 謙 娶宋氏

江西鄉試第一名 會試二十七名

章睿

貫浙江處州府麗水縣孝行鄉壹都民籍府學
生治書經字左奎行二年三十四歲十二月初九日生
曾祖誠 祖榮 父闓 母葉氏 慈侍下
兄文禧 娶李氏
浙江鄉試四十名 會試第三名

趙勗

貫陝西延安府綏德州興賢鄉仁義都第一圖民
籍國子生治書經字士勉行四年三十三歲七月十五日生
曾祖伯全 祖勢選 父思恩 母劉氏 具慶下
兄喜 美 蘊 娶尚氏
陝西鄉試十四名 會試五十八名

陳原祐

貫福建建寧府建安縣南隅七圖民籍冠帶舉人治

易經字本孚行一年三十一歲十月初一日生

曾祖德懋 仕泉州提舉 祖宗起 仕福州府閩縣主簿 父伯良 母林氏 具慶下

弟原禮 未娶

福建鄉試五十二名 會試四十七名

劉長吾

貫江西吉安府永豐縣興平鄉十一都民籍儒士治

書經行六年二十五歲四月二十日生

曾祖復宗 祖思恭 父子碩 母李氏 具慶下

娶周氏

江西鄉試三十四名 會試八十一名

檀凱

貫直隸池州府建德縣太原鄉十二都民籍國子
生治春秋字伯和行三年三十歲九月十九日生
曾祖勢容　祖峑　父行簡　母金氏　永感下
兄伯良　伯恭　娶鄭氏
應天府鄉試三十七名　會試七十四名

張思安

貫直隸常州府無錫縣在城西南隅第三圖民籍
國子生治書經字克讓行二年二十三歲四月十一日生
曾祖壽之　祖得甫　父文顯　母李氏　具慶下
兄思禮　娶高氏
應天府鄉試六十六名　會試七十三名

江殷

貫江西廣信府貴溪縣孝思鄉二都民籍縣學生

治春秋字孔殷行十年四十五歲正月二十九日生

曾祖友立　祖與義　父思廣　母湯氏　嚴侍下

弟文殷　武殷　娶張氏

江西鄉試三十九名　會試九十五名

黎恬

貫江西臨江府清江縣思賢鄉二都軍籍縣學增

廣生治詩經字潛輝行六年二十二歲十一月十一日生

曾祖用正　祖存琮仕通州衛百户　父宗恕　母鄒氏　慈侍下

兄允輝　娶敖氏

江西鄉試四十一名　會試第九名

黃翰

貫直隸松江府華亭縣三十七保霜字圍軍籍府學生治書經字汝申行一年二十二歲十二月二十三日生

曾祖福　祖秀山　父師中　母李氏　具慶下

未娶

應天府鄉試二百九十五名　會試九十一名

徐俊

貫直隸池州府建德縣石門鄉坊市民籍國子生治書經字勢傑行三年二十九歲八月初二日生

曾祖聰　祖祥　父榮華　母夏氏　具慶下

兄孟傑　仲傑　娶汪氏

應天府鄉試一百四十名　會試二十名

錢述

貫江西吉安府吉水縣文昌鄉四十一都民籍國子生
治書經字稽緒行三年二十七歲三月二十七日生
曾祖以吉　祖立志　父好聞　母王氏　具慶下
兄稽稷　稽稼　從兄遂志　習禮　娶易氏
江西鄉試五十四名　會試二十八名

陳琦

貫福建福州府福安縣壹都軍籍國子生治春秋
字公琰行二年三十八歲二月初一日生
曾祖宗烈　祖顯祖　父克温　母尤氏　慈侍下
弟珙　從弟璟　瑗　珏　娶李氏
福建鄉試四十六名　會試十五名

吳賜

貫直隸池州府貴池縣興人鄉人三保民籍府學生

治詩經字希貢行四年二十七歲七月二十九日生

曾祖端一仕元泰康縣令副使 祖谷英 父豫章 母方氏 慈侍下

兄鑽 安 弟贇 娶翁氏

應天府鄉試一百十一名 會試七十八名

黃彥

貫浙江嘉興府海鹽縣甘泉鄉十五都民籍國子

生治書經字時俊行二年三十一歲九月二十三日生

曾祖萬四 祖福二 父秀三 母丁氏 慈侍下

兄忠 娶祖氏

浙江鄉試一百十名 會試三十七名

張璘 貫湖廣黃州府黃岡縣中和鄉民籍府學生治書經字文玉行三年二十五歲八月二十二日生

曾祖原昇 祖榮甫 父時中 母黃氏 具慶下

兄瑀 璉 弟琰 珏 娶李氏

湖廣鄉試八十五名 會試九十四名

徐則寧 貫江西撫州府金谿縣十六都民籍國子生治書經字從政行二年四十七歲六月初七日生

曾祖庭芳 祖大任 父友忠 母陳氏 慈侍下

兄則修 娶劉氏 再娶王氏

應天府鄉試第一名 會試十四名

何賢

貫陝西臨洮府狄道縣第二保里軍籍國子生治

易經字彥哲行五年三十一歲五月初七日生

曾祖文祿 祖義 父得廣 母馬氏 慈侍下

兄溫 良 恭 敬 娶由氏 再娶范氏

陝西鄉試一百十六名 會試三十一名

于庭頤

貫浙江台州府臨海縣西南隅民籍縣學生治詩經

字耆英行一年三十八歲十月初八日生

曾祖希孟 祖思進任本縣儒學訓導 父仕西 母應氏 慈侍下

弟庭笥 娶尹氏

浙江鄉試六十五名 會試八十四名

陳禮 貫江西吉安府泰和縣千秋鄉二十七都軍籍縣

學生治易經字正言行一年三十一歲九月初八日生

曾祖存道 祖溪彰 父士悅 伯士瞻壬子進士 叔士啓甲申進士

母戴氏 繼母曾氏 具慶下 弟禧 禕 祚 祊 娶蕭氏

江西鄉試一百四十八名 會試七十一名

胡守宗 貫福建泉州府晉江縣三十七都民籍國子生治書

經字穆中行二年四十三歲六月十一日生

曾祖鄉 祖文華 父寧 母梅氏 永感下

兄敏中 娶吳氏

福建鄉試六十九名 會試三十六名

楊勳

貫江西撫州府崇仁縣東者民籍縣學生治書經字功讓行六年二十九歲七月初十日生

曾祖仲仁　祖原得　父永成　母盧氏　慈侍下

兄洄　順　善　福　娶黃氏

江西鄉試六十五名　會試七十六名

熊倫

貫江西吉安府吉水縣東坊民籍國子生治書經字仲彝行一年三十二歲十一月二十四日生

曾祖以德　祖原亨　父自誠　母張氏　具慶下

弟攸裕　攸寧　攸祉　娶唐氏

江西鄉試一百九名　會試九十六名

第三甲

賜同進士出身

黃常祖 貫福建興化府莆田縣右廂第二圖民籍 國子生

治書經字邦經行二年三十一歲六月初十日生

曾祖林 祖佛 父震 母蕭氏 慈侍下

兄堂祖 娶陳氏

應天府鄉試七十五名

會試五十一名

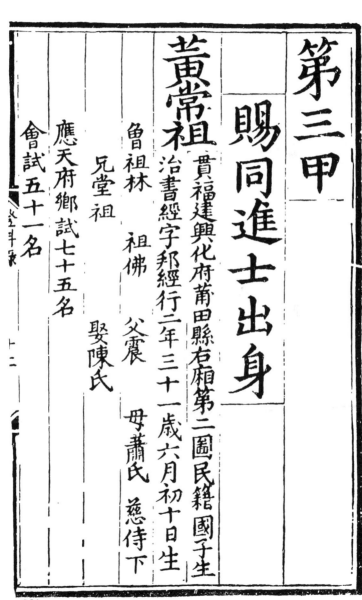

鞠祥

貫直隸和州在城第九里軍籍國子生治禮記
字茂慶行二年三十一歲十二月初一日生
曾祖大芳　祖子成　父仕達　母丁氏　具慶下
兄茂興　弟茂昌　茂僖　娶繆氏
應天府鄉試第五名　會試九十九名

高第

貫福建建寧府甌寧縣北隅民籍國子生治易
經字仲賢行二年三十八歲十月二十八日生
曾祖得　祖安　父祐　母潘氏　慈侍下
兄迺意　娶吳氏
福建鄉試十三名　會試六十一名

潘勤　貫浙江杭州府錢塘縣嵩盛坊民籍國子生治
詩經字進學行一年三十二歲六月十三日生
曾祖敬之　祖文顯　父仲名　母倪氏　具慶下
娶聶氏　再娶孫氏
浙江鄉試十九名　會試四十一名

林文澧　貫福建福州府懷安縣人都民籍國子生治春
秋字有蘭行八年三十九歲十一月十二日生
曾祖春　祖亨　父進堡　母王氏　永感下
兄文塗　弟文潤　文澤　娶陳氏
應天府鄉試第三名　會試第四名

吳潛

貫福建興化府莆田縣南力里第一圖民籍府學
生治詩經字藏伯行八年二十八歲七月二十二日生
曾祖壽　祖治　父顯　母黃氏　具慶下
弟涵　澈　娶趙氏
福建鄉試第七名　會試六十三名

羅惟政

貫廣東潮州府程鄉縣韓莆都民籍國子生治
詩經字景辰行一年三十八歲十二月初四日生
曾祖遷伯　祖文昇　父應明　母鄧氏　具慶下
娶古氏
廣東鄉試第十名　會試八十九名

趙禮　貫江西建昌府南豐縣西隅民籍國子生治詩經

字秉禮行三年二十九歲六月十五日生

曾祖友文　祖季彰　父子羨　母曾氏　具慶下

兄秉仁　秉義　弟秉智　秉信　秉忠　秉恕　娶余氏

江西鄉試八十名　會試三十五名

傅啓讓　貫湖廣　州府石首縣武侯轄民籍縣學生治

書經字仲礼行四年三十三歲六月二十二日生

曾祖清寧　祖希賢　父克用　母楊氏　永感下

兄啓良　啓諫　啓誠　第啓詮　娶李氏

湖廣鄉試一百四十五名　會試六十九名

傅玉潤

貫江西臨江府新喻縣安和鄉二十五都民籍儒士
治書經字玉潤行三年二十六歲九月初七日生
曾祖昭然　祖賢佐　父孟素　母吳氏　慈侍下
兄玉良同科進士　玉美　弟玉完　玉聲　未娶
江西鄉試五十名　會試七十名

黃裳

貫河南南陽府鄧州內鄉縣上白亭保民籍國子
生治禮記字文中行二年三十歲三月十四日生
曾祖萬貴　祖添祐　父雲　母魏氏　慈侍下
兄榮　弟禎　祥　娶婦氏
河南鄉試五十一名　會試四十二名

羅興　貫四川成都府崇慶州四安鄉民籍冠帶舉人
治春秋字起善行三年三十四歲五月初四日生
曾祖志慶　祖友才　父文恕　母曾氏　具慶下
兄中　榮　弟衝　聰　淵　娶趙氏
四川鄉試三十三名　會試六十五名

余文　貫福建興化府莆田縣連江里第六圖民籍縣
學生治詩經字孟質行三年三十六歲正月二十二日生
曾祖廷秀　祖復之　父俊卿　母鄭氏　永感下
兄義　娶呂氏
福建鄉試十三名　會試十二名

楊榮

貫雲南大理府太和縣保和鄉塔橋里民籍國子

生治書經字子仁行一年四十二歲十一月初七日生

曾祖賜 祖成 元本府長官司長官 父俊 母楊氏 永感下

娶董氏

應天府鄉試四十一名 會試六十六名

顏澤

貫直隸常州府江陰縣西順鄉三十六都民籍府學

生治詩經字澤民行二年三十二歲三月初四日生

曾祖正 祖誠 父原存 母許氏 具慶下

兄濟 娶徐氏

應天府鄉試一百二十九名 會試七十二名

任用 貫浙江金華府東陽縣昇蘇鄉一都民籍縣學
生治詩經字庭輝行一年三十六歲十二月初一日生
曾祖興仁 祖得譙 父功悌 母王氏 具慶下
弟文熺 文照 娶葛氏
浙江鄉試八十名 會試十九名

王嗣先 貫江西吉安府泰和縣信實鄉四十九都民籍縣
學增廣生治易經字嗣先行二年三十六歲三月十二日生
曾祖惠軒 祖明德 父古平 母蕭氏 具慶下
兄敬先宜章縣儒學訓導 娶李氏
江西鄉試五十三名 會試九十三名

胡敬

貫浙江杭州府仁和縣東里坊民籍國子生治春
秋字彥學行一年三十五歲三月初八日生
曾祖慶　祖成　父興祖　母金氏
永感下　娶余氏
應天府鄉試三十四名　會試五十名

林密

貫廣東瓊州府文昌縣水北都民籍國子生
治書經字子茂行四年三十八歲三月初五日生
曾祖珏（元千戶）　祖擬高　父得隆（元縣尹）　母盧氏　慈侍下
兄廣　寬　通　弟寀　娶韓氏
廣東鄉試一百二十名　會試八十八名

張觀

貫山西太原府代州西關一廂民籍國子生治

易經字尚賓行二年三十一歲三月二十七日生

曾祖彥恭　祖榮　父思誠　母李氏　永感下

兄敬　娶李氏

山西鄉試六十三名　會試五十九名

蔡道隆

貫浙江溫州府永嘉縣東南隅民籍縣學生治

書經字希阜行一年三十六歲十月初三日生

曾祖性舉　祖文忠　父思善　母金氏　具慶下

弟道存　道寧　娶蔣氏

浙江鄉試五十一名　會試二十六名

陽清 貫直隸應天府上元縣正東隅一廂民籍府學生治
春秋字景濂行一年二十六歲閏六月二十一日生
曾祖達 祖賢 父永昇 母黃氏 具慶下
未娶
應天府鄉試二十四名 會試第四名

倪良 貫江西饒州府樂平縣長城鄉六都民籍縣學生
治易經字大成行二年三十一歲十二月十一日生
曾祖子和 祖世傑 父永碩見任雷州府儒學訓導 母蔡氏 具慶下
兄鼎 弟益戊子科舉人 壯 白 大有 娶詹氏
江西鄉試九十一名 會試八十名

胡璉

貫江西臨江府新喻縣仁孝鄉四十六都匠籍儒士治
詩經字維琛行一年二十六歲九月二十三日生
曾祖信立　祖仲遜　父繼安　母盧氏　繼母傅氏
重慶下　弟維彰　娶盛氏
江西鄉試三十二名　會試三十九名

王觀

貫湖廣襄陽府襄陽縣縣坊軍籍冠帶舉人治春
秋字庭賓行一年二十九歲十一月十一日生
曾祖順　祖敬慶陽府同知　父會　母朱氏　嚴侍下
弟利賓　用賓　娶顏氏
湖廣鄉試五十三名　會試四十三名

史循

貫直隸應天府江寧縣正西隅十二坊民籍國子生
治詩經字公序行一年二十六歲八月十五日生
曾祖文宗 祖友仁 父仲實 母王氏 具慶下
娶石氏
應天府鄉試四十三名 會試九十名

周常

貫直隸鳳陽府定遠縣在城第四圖民籍縣學生
治春秋字茂永行三年三十歲十月二十二日生
曾祖文昌 祖一清 父子敏 母葉氏 具慶下
兄恢 愷 弟㤨 娶宗氏
應天府鄉試二十八名 會試二十六名

林碩 貫福建福州府閩縣合北里民籍府學生治春
秋字懋弘行六年二十四歲十二月十三日生
曾祖誠 祖琛 父鎮 母丘氏 具慶下
兄確 硜 弟砥 娶陳氏
福建鄉試五十四名 會試六十二名

史詠 貫直隸應天府溧陽縣福賢鄉五都一保民籍
縣學生治詩經字永言行三年三十歲十一月十一日生
曾祖春澤 祖晨卿 父仲琰 母趙氏 慈侍下
兄譽 弟誼 謙 娶周氏
應天府鄉試二十四名 會試三十二名

張紹

貫河南南陽府汝州壽永鄉西八里保民籍國子
生治易經字繼之行一年三十歲七月十七日生
曾祖巨川　祖本（本州儒學訓導）　父觀　母白氏　具慶下
弟綱　娶李氏
河南鄉試四十八名　會試三十三名

陶仕宗

貫廣西梧州府鬱林州南廂第一圖民籍冠帶舉
人治易經字逢原行一年三十歲十月二十二日生
曾祖泰　祖大公　父存忠　母李氏　慈侍下
從兄仕傑　弟仕安　道祖　娶莫氏
廣西鄉試第五名　會試第六名

李庠

貫浙江衢州府西安縣玉泉鄉二十三都民籍國
子生治易經字弘文行三年三十歲十一月二十一日生
曾祖漢卿 祖子達 父可畊 母徐氏 慈侍下
兄暹 廣 娶徐氏
浙江鄉試八十八名 會試十七名

王詢

貫江西吉安府永豐縣永豐鄉二十九都民籍
儒士治詩經字命我行四年二十六歲二月十三日生
曾祖友諒 祖克誠 父昭善 母劉氏 永感下
兄穩 未娶
應天府鄉試九十二名 會試四十九名

陳正倫 貫江西吉安府吉水縣仁壽鄉第三都民籍府
學生治春秋字正倫行一年二十九歲八月二十一日生
曾祖雲富 祖習遠 父庭貴 母高氏 具慶下
弟仲倫 隆祖 娶龍氏
江西鄉試一百五十六名 會試三十八名

葉俊 貫浙江温州府永嘉縣西南隅軍籍國子生
治易經字肅英行二年三十八歲九月二十八日生
曾祖良弼 祖宗舉 父孟籌 母徐氏 永感下
兄侃 弟停 娶薛氏
浙江鄉試一十五名 會試七十五名

凌輝

貫福建泉州府德化縣楊梅上團民籍國子
生治易經字邦輝行五年三十一歲十月二十九日生
曾祖義方　祖福崇　父添得　母朱氏　慈侍下
兄祖蔭　公顯　邦寧　弟邦政　添祐　娶陳氏
福建鄉試六十四名　會試九十二名

吳誠

貫福建興化府莆田縣右廂第三圖民籍國子
生治詩經字士立行六年三十七歲四月十四日生
曾祖貴老　祖貞　父養全　母毛氏　慈侍下
娶陳氏
福建鄉試十七名　會試九十三名

馬馴

貫陝西西安府長安縣通化里民籍國子生
治書經字至善行一年三十一歲九月十一日生
曾祖漆祥 祖良彬 父伯原 母楊氏 具慶下
娶陳氏
陝西鄉試四十九名 會試三十二名

王時習

貫江西南安府南康縣在城一坊軍籍國子
生治書經字勉學行一年三十八歲十月初六日生
曾祖誠 祖啓賢蘭縣倉大使 父敏道 母賴氏 慈侍下
弟時用 時亨 時閏 時昱 時俊 時寵 時方 時昌 時昶 時育 娶扶氏
江西鄉試六十六名 會試二十一名

王璜

貫山西太原府代州王里一都軍籍國子生

治易經字子玉行一年三十二歲正月十七日生

曾祖仲友　祖士弘順義縣典史　父安道　母張氏　具慶下

弟璽　璵　娶劉氏

山西鄉試九十五名　會試第十名

徐彥俊

貫江西南昌府新建縣思賢坊第一圖匠籍國

子生治書經字用章行四年三十三歲十二月十八日生

曾祖通甫　祖受卿　父必勝　母胡氏　具慶下

兄彥彰　彥敬　又新　弟彥哲　娶李氏

應天府鄉試六十五名　會試第八名

阮存

貫浙江温州府永嘉縣德政鄉十都民籍府學

生治詩經字以禮行三年三十二歲正月十八日生

曾祖進 祖達 父得昌 母金氏 永感下

兄思忠 弟岳 娶吳氏

浙江鄉試一百五名 會試七十七名

熊自誠

貫江西撫州府臨川縣三十五都民籍國子生治詩

經字自誠行二年四十八歲七月十七日生

曾祖懋 祖遷 父伯常 母熊氏 永感下

娶丘氏

江西鄉試十六名 會試八十二名

彭春

貫直隸蘇州府嘉定縣東南隅民籍縣學生
治書經字孝常行一年二十八歲七月初一日生
曾祖純甫　祖均祐　父耳　母唐氏　具慶下
弟怡　娶姚氏
應天府鄉試二百七十六名　會試一百名

劉濬

貫直隸應天府句容縣坊郭西南隅第二圖民
籍冠帶舉人治易經字子深行二年三十三歲三月初七日生
曾祖誠父　祖復初　父彥中　母張氏　具慶下
兄本　弟湜　純　觀　娶徐氏
應天府鄉試二百七十八名　會試五十六名

楊昺

貫湖廣武昌府崇陽縣仁義里民籍國子生治
書經字文昭行四年四十一歲十月初一日生
曾祖仲誠　祖貴聞　父潮宗　母程氏　具慶下
兄昱　晟　弟進　昂　旻　娶熊氏　再娶魏氏
湖廣鄉試十七名　會試六十四名

徐行

貫江西南昌府進賢縣三十八都民籍國子生
治春秋字向倫行四年二十九歲八月十六日生
曾祖辛中　祖彥良　父遵路　母朱氏　具慶下
兄正倫　秉倫　弟景倫　娶喻氏
江西鄉試九十二名　會試八十三名

謝忱

貫浙江金華府永康縣坊隅民籍國子生治書
經字惟壽行一年三十四歲三月初十日生
曾祖振遠　祖汝明　父仲得　母應氏　繼母方氏
嚴侍下　弟義　禮　堅　寧　安　全　旺　娶王氏
應天府鄉試九十一名　會試六十名

羅通

貫江西吉安府吉水縣同水鄉五十八都民籍儒
士治書經字學古行一年二十四歲十二月二十五日生
曾祖用明　祖仲淵　父王錫　母李氏　重慶下
弟遵　達　導　娶王氏
應天府鄉試第二名　會試十八名

葉宜

貫福建延平府南平縣仁州里民籍國子生
治春秋字守義行五年三十四歲十月十二日生
曾祖午 祖莊良 父善 母魏氏 嚴侍下
兄有成 弟叔耆 叔希 娶楊氏
福建鄉試第七名 會試十六名

陳鎰

貫直隸蘇州府吳縣西北隅原字號第一圖
軍籍府學生治書經字有戒行三年二十四歲二月初五日生
曾祖德卿 祖均錫 父孟玉 母高氏 繼母翁氏 具慶下
兄鏞 鑑 弟錡 鑄 娶王氏 再娶金氏
應天府鄉試十七名 會試五十四名

傅玉良

貫江西臨江府新喻縣安和鄉二十五都民籍儒士治詩經字圭良行一年三十一歲五月二十四日生

曾祖昭然 祖賢佐 父孟素 母吳氏 慈侍下

弟玉英 玉潤同科進士 玉完 玉聲 娶余氏

江西鄉試一百五十四名 會試五十五名

李濬

貫山西潞州襄垣縣長樂鄉西營北里軍籍北京國子生治詩經字大川行二年二十六歲十月初二日生

曾祖瓛 祖旺 父景剛 母張氏 具慶下

兄時幹 弟瀚 娶任氏

山西鄉試二十九名 會試二十五名

蔣疇

貫福建泉州府南安縣二都民籍國子生治易

經字嗣昭行一年四十歲九月二十三日生

曾祖清甫　祖賜　父隆祚　母王氏　慈侍下

娶林氏

福建鄉試二十五名　會試五十二名

陳潤

貫福建福州府連江縣欽平上里民籍國子生

治易經字澤民行八年三十六歲十月二十五日生

曾祖文泉　祖子穆　父思哲　母林氏　永感下

娶游氏

福建鄉試二十名　會試二十三名

劉璉

貫直隸應天府江寧縣城南隅第四廂民籍國子生治詩經字宗華行一年二十七歲八月初十日生

曾祖得卿　祖彥實　父通　母陸氏　繼母包氏　慈侍下

弟璿　娶蔣氏

應天府鄉試六十九名　會試二十九名

胡讓

貫四川重慶府巴縣西隅民籍國子生治書經字仲遜行一年二十八歲十一月初九日生

曾祖泰山　祖海　父彥芳　母劉氏　具慶下

弟誼　誠　誌　娶童氏

四川鄉試一百二十二名　會試四十四名

陳遜

貫福建建寧府浦城縣孝悌里民籍國子生

治書經字必恭行一年三十八歲十月十一日生

曾祖榮四　祖穆翁　父希文　母蔣氏　永感下

娶吳氏

福建鄉試七十三名　會試四十八名

邵暹

貫湖廣沔陽州在城東南隅民籍冠帶舉人

治詩經字賓旭行二年三十二歲十月二十二日生

曾祖通富　祖榮甫　父旻　母李氏　具慶下

兄進　弟選　娶柴氏

湖廣鄉試一百三十七名　會試五十七名

王凱

貫福建興化府莆田縣東廂第十三圖民籍國子生治書經字叔和行三年三十二歲十二月二十四日生

曾祖義方 元浦城縣典史 祖佾名 父升道 母方氏

嚴侍下 兄砌 娶周氏

福建鄉試七十七名 會試七十九名

歐陽和

貫江西吉安府泰和縣六十一都民籍儒士治易經字赤和行五年二十六歲二月初三日生

曾祖孚先 祖以定 父觀民 母王氏 繼母曾氏 具慶下

兄源 賢 見任國子監助教 在 拳 從兄俊 見任禮部主事 娶謝氏

江西鄉試八十六名 會試十三名

米顯

貫陝西西安府乾州永壽縣美川鄉留村里民籍

國子生治書經字遂良行二年三十二歲正月初十日生

曾祖彥實元新平縣典史　祖俊德元陝西省左右司員外郎　父濟行人司行人

母李氏　慈侍下　兄亮　娶田氏

陝西鄉試二十六名　會試六十七名

施琰

貫浙江湖州府歸安縣十九都軍籍國子生治

詩經字文壁行一年二十七歲二月二十六日生

曾祖仲平　祖起宗　父彥良　母譚氏　具慶下

弟璟　娶張氏

浙江鄉試二十七名　會試四十六名

方復

貫直隸安慶府潛山縣潛嶽鄉三十二都民籍國

子生治春秋字文英行三年三十二歲二月初四日生

曾祖勝隆　祖得政　父貴華　母朱氏　慈侍下

兄仕英　淑英　娶徐氏

應天府鄉試二百六十八名　會試第七名

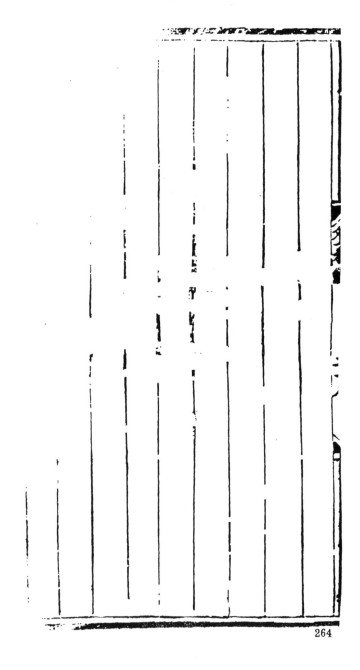

皇帝制曰。朕奉承
宗社。統御海宇。夙夜祗畏弗
遑底寧。以圖至治。于茲
十年。未臻其効。慮化未
浹矣。謹之以庠序之教。

慮養未充矣。先之以足食之政。慮刑未清矣。詳之以五復之奏。彰才備薦舉之科。考課嚴黜陟之令。然而厲俗而俗益

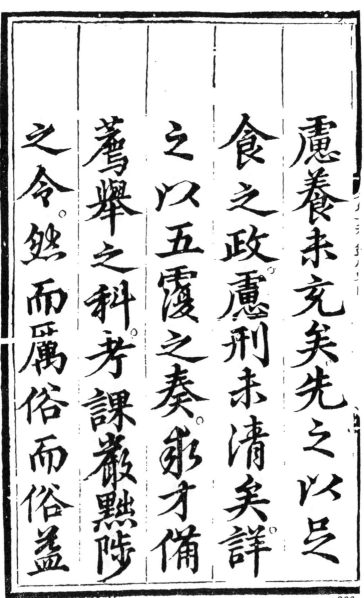

媮。華。弊而弊不寢。若是
而欲躋世泰和。果何行
而可。六經著帝王為治
之迹。易以道陰陽。專名
數者。或流而為災異。尚

理殘者或淪而為清談。書以道政事。語知行。則何以示其端。論經世。則何以盡其要。詩以道志也。何以陳之於勸懲黜

陟之典春秋以道名分也。何以用之於闡陽縱陰之說？禮以道行，而樂以道和也。何以道同六經而用獨為急？夫道本

一原而治有全體推明
六藝講議異同行則美
矣何以一歸于雜雅歌
擊磬執經問雅志則勤
矣何以未復乎古討論

文籍。考定五經。可謂勞
矣。未足以致大治。更日
侍讀。質問疑義。可謂偉
矣。僅足以成小康。追夫
五緯集奎。文運斯振。儒

道光闡聖經復明較之
往迹何勝何負蓋為治
之道寬猛相濟各適其
宜太宗寬厚長者務崇
德化政是尚矣而言者

謂不若中宗之嚴明顯
宗法令分明。幽枉必達。
嚴是尚矣。而言者謂不
若肅宗之長者。論治若
此。其將孰從。大人博問經

學之士有以應變子諸
生蘊之有素其於為治
之要時措之宜悉心以
陳毋徒泛泛朕將親覽

臣馬鐸

臣

對臣聞治本於道道載諸經聖人出而三代

之治為可復真儒出而六經之道為大明經以

載道固必待人而後明道以出治尤必待人而

後行也洪惟

皇帝陛下尊履大寶紹承鴻基明照八表知周萬務

心存乎帝王之心治紹乎帝王之治尚慮闕漏

下詢蒭蕘此好問而好察邇言之意堯舜禹湯

文武之心也然化已浹矣選任師儒嚴督課業

簡紲以懲慵[illegible]進以勸善而庠序之教唯謹養

已充矣省其征徭薄其稅斂禁一民之不得安
差禁一毫之不得安取而足食之政尤先慎罰
而致三覆五覆之詳尚慮夫罰罪之非當用賢
而惇薦舉考課之典尚慮夫任職之未宜是蓋
陛下明經術之正識帝王之大不安小成必躋斯世
於唐虞三代之盛也夫厲俗未底乎時雍不害
為俗之益媮革弊未至乎於變不害為弊之不
寢臣愚有以知
陛下泰和之世可躋唐虞三代之治可致其厲俗革
弊有不在政令之表耳何則

陛下任奉承之重一統御宇之大夙夜祗懼而存此心於不已道本於一原治具乎全體若稽經籍而垂至治於無窮六經之道固已縕諸聖心矣其視諸經傳授之是非歷代為治之得失昭昭而白黒分矣奚以臣言雖然聖問所及敢不罄竭臣愚條悉以對夫自六經刪述於孔氏帝王之道由是而大明自六經附會於漢儒帝王之治由是而難復易以道陰陽伏羲神農黃帝之道無所不該自田何傳至于焦房專尚名數流而為災異自費直傳至于輔嗣專

尚理致論而為清談於是理數分而易道微矣
書以道政事而典謨訓誥誓命之辭無不具焉
語知行則惟精惟一所以示其端論經世則洪
範皇極所以盡其要自大小夏侯之說殊而書
之義蹐矣詩所以道志也先王命太師陳詩以
觀民風善者可以感發人之善心義之而民知
所勸惡者可以懲創人之逸志刺之則民知所
懲以是巡行諸侯之境土而黜陟行焉自齊魯
毛韓之異尚而詩之義隱矣春秋所以道名分
也董仲舒大一統之論正誼明道貴王賤伯之

義其得於春秋也大矣而乃用於災異之變推陰陽所以錯行故有閉陽縱陰之說而春秋之義乖矣周禮大司徒以五禮防萬民之偽而教之中此禮以道行也以六樂防萬民之情而教之和此樂以道和也禮有三千三百之儀而一主乎敬樂有五聲十二律而一本於和制度品節之詳而有所持循情文節奏之備而有所感發致禮以治躬則齊莊中正非僻之心無自而入致樂以治心則易直子諒鄙詐之念無自而生用之於邦國而邦國治達之於天下而天下

平此六經之道同歸禮樂之用為急而易書詩春秋之蘊必於禮樂以著其用焉然歐陽脩所謂三代而下治出於二而禮樂為虛名則班志所謂禮樂之用為急亦未見於實用也然六經之道未極一原尚何三代全體之治為可復乎此漢之武帝推明六藝罷黜百家孝宣章帝之石渠白虎講議異同行則美矣而卒莫能循乎王道之正而終歸于霸道之雜由乎六經之道昧於一原宜其治有所未純焉光武親幸太學諸生雅歌擊磬明帝臨雍拜老諸儒執經問難

其志雖曰勤矣而未克以復乎古不能四三王而六五帝蓋徒尚夫儀文之末而未究夫聖道之本也若唐太宗討論文籍至于夜分詔顏師古考定五經求治之心可謂勞矣然而僅能致斗米三錢外戶不閉之効而未足以為大治玄宗更日侍讀質問疑義懷素無量常侍更直好治之心亦可謂偉矣而開元之治庶幾貞觀之風惜其後不克終以致禍亂是皆亦由乎六經之道昧於一原宜其治有所未至焉迨夫五星聚奎宋德隆盛文運斯振周張二程光闡儒道

於前楊羅李朱復明聖經於後較之往迹大有
逕庭矣儒道既闡聖經復明則治道勝負較之
於前不待論說而明矣夫天下之大經仁義中
正而已仁以育萬民義以正萬民二者並行而
不相悖寬而不流於姑息有猛者存猛而不偏
於苛察有寬者在嚴而泰和而節此理之自然
治道之全體也漢文帝恭儉玄默賜不朝以几
杖遺受賂以金錢造露臺惜十家之産可謂寬
厚長者務崇德化政是尚矣然與匈奴疎絶毅
然講武蓋未嘗不猛焉宣帝綜核名實勵精圖

治流而至於苛刻漢室忠厚之風幾乎蕩盡明帝法度分明幽枉必達嚴足尚矣而過於察察章帝寬厚長者而流於姑息東京之政由是而衰矣亦其學術不明不能損過就中而歸於聖賢大學之道也向若漢之文帝從賈誼而興禮樂武帝從董仲舒而明教化則仲舒所謂道之大原出於天正心以正朝廷正朝廷以正百官正百官以正萬民萬民正而遠近莫不一於正則道之一原可知治之全體可識其治豈止於漢而已迨夫宋之諸君能用諸儒則經術之明

見於治效豈獨載諸傳註而止哉雖然天運循環無往不復承大一統文明之運表章六經聖人之道比隆於唐虞三代正有待於今日
聖天子居天位行天道而著治効于無窮也臣愚生淺學叨奉
大問於廷獲聞道本一原治有全體不勝踊躍慶唐虞三代之治復見於
今日寧不頓首為天下賀非但為天下賀當為萬世賀抑臣聞之為治之要大學一書治天下之格律也時措之宜中庸一書聖學傳心之要法

也此皆
陛下身體而力行之者也故能致篤恭而天下平之
効臣愚學不能以博古才不足以應變伏願
陛下始終此心始終此治可以四三王六五帝豈但
跨越漢唐宋而已哉臣不揆淺陋以此上塵
聖覽干冒
天威豈勝戰慄臣謹對

臣林誌

臣對臣聞道之大原出於天而其體用本於心心也者所以具是道之全體而妙是道之大用者也經天緯地而有易書詩春秋禮樂之文彌綸參贊而為脩齊治平之業同此心則同此道也同此道則同此治也三皇以此而皇五帝以此而帝三王以此而王孰有出於此心此道之外也哉繇漢而唐繇唐而宋道固無異於先王之道而心固無異於先王之心也惟夫談經者不知斯道之本於心故未免於支離而或滯惟

夫為治者不知斯治之本於道故未免於偏駁
而未純然道之大原所以出於天而其體用所
以妙於心者則萬古猶一日也舉而行之誠有
待於聖人焉欽惟
皇上聖神文武生禀自
天奉承
宗社之隆統御海寓之廣治定之制禮功成作樂其訏
謨遠猷固已妙斯道於一心矣至於經有專門
名家之學士無黨同伐異之評庠序設而科目
興考覈精而黜陟當既庶且富以阜其生慎刑

弼敎以期于治孰非此心之所著者乎然化已
洽矣而庠序之敎彌謹養已充矣而足食之政
必先五覆詳讞而猶慮夫刑之未盡清立賢無
方而猶慮夫俗之未盡勸三考黜陟而猶慮夫
弊之未盡革乃進臣等于
廷降賜
清問而首以夙夜祗畏弗遑底寧爲言臣有以知
陛下此心即造化於穆不已之誠也即二帝三王純
亦不已之德也臣所謂道之大原出於天而其
體用本於心者即此也昔漢儒董仲舒有言道

之大原出於天天不變道亦不變何哉蓋三辰
行天以為經惟其常運也故能久照而不已五
土分地而為義惟其常生也故能徧育而無窮
五性在人而為德惟其常存也故能兼治而不
遺此堯之所以兢兢日行其道舜之所以業業
日致其孝禹之所以惟日孜孜湯之所以聖敬
日躋文王武王之所以緝熙執競者也而
陛下祗畏弗遑圖治及此臣拜手稽首而為天下賀
臣伏讀
制策曰道本一原而治有全體蓋以六經之治本

於道六經之道本於心得其心則道與治固可得而言矣何也夫易以道陰陽即此心之太極也論其明於天之道則精既有以通乎神明之德論其察於民之故則粗又有以類乎事物之情自夫京房傳焦貢之學而分卦逐爻配以災異於是專名數者不過以淫巫瞽史而視易耳自夫王弼宗老莊之學而得意忘象釋以清談於是尚理致者不過以虛玄浮華而語易耳而

我

朝之為教也一以朱熹本義為主則崇卜筮者既

不流於膠固之陋無用程頤之傳則尚理致者率得乎中正之歸而易之所載者固此道也書以道政事即此心之皇極也語夫知行之端則有危微精一之數言語夫經世之要則有洪範九疇之大法自夫沉酣章句者曰若稽古殆三萬言於是呻其呫畢者不過記誦詞章之末而止耳自夫討論經制者郊禘六宗牽合傅會於是損益為治者不過曰仍苟且而止耳而我

朝之為教也本於蔡沉集傳既得乎折衷之當一以會選為正又兼乎諸說之長而書之所載者

亦此道也若夫詩之諷詠所以道其志也而實
原於此心好惡之正故先王採之於省方觀民
之時於以施其勸懲黜陟之典而我
朝之為教也惟朱熹集傳是宗則本之二南以求
其端參之列國以盡其變正之於雅以大其規
和之於頌以要其旨而其所以備觀省垂勸戒
者皆此道焉春秋之筆削所以道名分也而實
本於此心是非之公然漢儒乃惑於災異之說
創為閉陽縱陰之論而我
朝之為教也惟程頤胡安國傳義是取則大義數

十聖如日星而惟時措之義為難知惇典庸禮
命德討罪尤莫嚴於尊中夏攘夷狄而其所以
假魯史寓王法者無非此道焉至於大禮與天
地同序形而為禮儀之三百散而為威儀之三
千而其原於此心之敬者則至約也大樂與天
地同和播而為五聲十二律八十四調之節奏
著而為雲英咸韶夏濩大武之聲容而其本於
此心之和者則至簡也故夫易以道乎禮樂之
原書以道乎禮樂之實詩以道乎禮樂之志春
秋以道乎禮樂之分班固所謂六經之道同歸而

禮樂之用為急者其以此歟而我
朝之制禮也原於莊敬之心而將之以玉帛登降
之數則以之而辨上下定民志者是即子思所
謂有德有位而議禮制度考文者焉我
朝之作樂也本於和樂之心而文之以鐘鼓綴兆
之儀則以之薦
上帝配
祖考者是即兒寬所謂惟天子建中和之極無總條
貫金聲而玉振之者焉然則禮也樂也豈非同
此道乎然此皆原於

陛下一心精微之所萃一念祗畏之所存心和則氣
和氣和則形和八風從律沴氣不作泰和之浹
有不期然而然者矣彼漢武之推明六藝罷絀
百家孝宣之石渠孝章之白虎講議異同行雖
美矣而不免於雜伯之譏光武之投戈講藝雅
歌擊磬明帝之臨雍拜老執經問難志雖勤矣
而徒見於多儀備物之評臣以謂此無他徒泥
於六藝之文而不求乎六藝之道故也彼唐太
宗之討論文義考定五經可謂勞矣而貞觀之
治大綱未正明皇之更日侍讀質問疑義可謂

偉矣而開元初政鮮克有終臣以謂此無他徒知求治於經而不知求治於道故也迨夫宋有天下五緯聚奎仁義之所洽者上焉而有四聖百年之治平元氣之所培者下焉而有濂洛諸儒之道學聖經由是而明儒道由是而闡此固足以四三皇而六五帝矣惜也其大綱雖正而萬目亦有未盡舉焉臣以謂六經之道雖明於時而六經之治猶愧於古也夫為治之道離合之數雖出於天而變通之宜則由於人臣謹按邵雍皇極經世書繇元會運世而推生消升降

之運以皇帝王覇而談易詩書春秋之用有以
知夫道有升降而操縱之宜不易政由俗革而
寛猛之中爲難也觀於漢文承瘡痍甫瘳之時
寛厚長者以德化民而海内富庶幾致刑措可
謂盛矣然於禮樂有所未遑宋儒唐儉謂其大
醇小疵是其寛固未爲得也若夫孝宣嚴明爲
治信賞必罰政事文學法理之士咸精其能固
宜中興比迹殷宗周宣矣然法制過詳而道德
不足高文忠厚之意斲喪無餘其所謂猛亦豈
爲得乎觀於明帝席光復舊物之業法令分明

幽枉必達而遠近肅服海内滋殖可謂至矣然未免過於察察史臣范曄謂其弘人之度有所未優則其猛固失之過也若夫章帝事從寬厚號稱長者除慘刻之科著胎養之令誠若優於前人矣然厭為苛切而寬縱或過外戚寖横而漢業終於不振而其所謂寬豈非失之過乎臣以謂操縱之宜不易而寬猛之中為難者此也先王之治也脩五禮以節民性明七教以興民德齊八政以防淫一道德以同俗本於易以為出治之源參於書以盡為治之實詩以道其志

而家無殊俗春秋以道其分而國無異政履之
爲禮而中正之教達焉播之爲樂而和樂之情
通焉故合六經以爲教同天下以爲風而其所
以原於天而妙於心者亘萬古而不變也然此
皆
陛下之所以真積力行者道已至矣而心猶恐未至
皆
陛下之所以祖述憲章者治已洽矣而心猶慮未洽
臣愚以謂六經之治本於道六經之道本於心
者爲治全體端在此矣彼區區寬猛得失之論

詎可爲
盛世陳哉凡
陛下所以策臣者臣既略陳其槩矣然臣竊聞之六
經之治本於道而道之所在不越乎中六經之
道本於心而心之所存不越乎敬故敬之一字
聖學之所以成始而成終者也是即
制策所謂夙夜祗畏弗遑底寧之盛心焉故以是
心而謹庠序之敎即詩所謂肆成人有德小子
有造是也矣有於化之未盡洽乎以是心而先
足食之政即書所謂德惟善政政在養民者是

也奚有於養之未盡充乎以是心而詳五覆之
奏即易所謂明慎用刑是也奚有於刑之未盡
清乎至於求賢而薦舉必備乎此心之制即禮
所謂論定而後官之任官而後爵之者也名器
益重而國無不厲之俗矣考課而黜陟必本於
此心之嚴即春秋善善之褒榮於袞冕惡惡之
貶威如斧鉞者是也殿最既明而官無或曠之
弊矣惟
陛下始終此心則以之而四三皇以之而六五帝以
陋漢唐宋於下左以躋海寓於泰和之治安

宗社於磐石之固者盡在
矣天下不勝幸甚臣謹
對

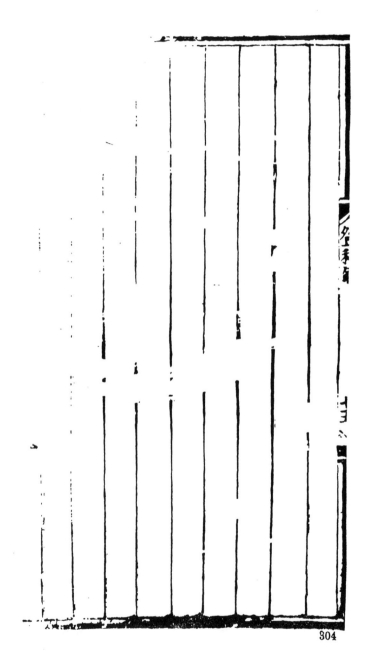

臣王鉦

臣對臣嘗論天下之至治當用天下之真儒得
真儒以用世則俗日以厚弊日以革六經之道
大闡爲治之道得宜又何患乎世不躋于雍熙
泰和也哉欽惟
皇帝陛下嗣大歷服宵旰求賢以圖治道是以四海
寧謐萬方又安而尤不自滿假進臣等於
廷策臣以爲治之要時措之宜而且首之以夙夜
祗畏弗遑底寧之語臣是以
陛下圖治之心即堯舜兢兢業業之心也湯文昧爽

丕顯聖道未見之心也臣雖愚昧敢不精白一
心以對揚
聖天子之休命乎臣嘗聞之為治不在多言顧力行
何如耳
陛下自臨御以來致治之道一遵
成憲慮教化未洽則謹庠序之教申之以孝弟之義
慮民食未足則授之以東作西成之候示之以
厚本抑末之道刑至五覆罪過三訊公薦舉而
嚴考課其力行可謂至矣藹藹吉士布列庶位
儒道可謂尊矣然厲俗而俗益媮革弊而弊不

寖之言尚厪

陛下之問臣謹以用真儒爲

陛下勸焉且真儒之用世猶元氣之在四時以之掌教則教化明以之養民則民食足以之掌刑則刑罰清然而欲得真儒之用在乎崇學校選師儒以教之使如安定之在湖學人各精其所能及今有官君子各舉所知之人仍嚴舉主之令舉能其官者褒之稱匪其人者罰之考其殿最以行黜陟如是則人懷勸功勵行之心而以舉賢薦善爲務將見真儒輩出而爲朝陽之鳳世

底雍熙而有唐虞之風又何患乎俗不淳弊不革六經之道不明于天下乎夫六經者皆所以著帝王為治之迹也易以道陰陽明吉凶消長之理炎漢諸儒不能契聖經之旨或專於名數或尚夫理致如京房王弼之徒往往流於灾異淪於清談而不悟也書所以道政事載二帝三王治天下之大經大法語知行則精一之旨有以示其端論經世則洪範一篇是以盡其要至於詩所以言志也陳之可以觀民風聽之可以察治忽故詩三百篇者可以感發人之善心惡

者可以懲創人之逸志因其詩之美刺知其俗
之美惡故可以陳之於勸懲黜陟之典春秋之
褒貶義例斷自吾天子之一心無非所以明君
臣上下之倫正冠屨倒置之勢閑陽縱陰之說
未免淪於巧謬責備賢者不能無憾於仲舒焉
然六經之道同歸而禮樂之用為急蓋禮者天地
之序聖人之所履樂者天地之和聖人之所樂
所以辨上下而定民志者此也所以薦宗廟而
和民聲者此也人之一身不可斯須去者非其
急乎且六經之道本一原聖人之治有全體奈

何一煨燼於秦火再穿鑿於漢儒六經之道晦
而政治亦由是而衰矣是以如漢武之雄材大
略表章六經善董子之對而罷申韓之學孝宣
之時廣集諸儒講五經異同於石渠閣章帝倣
石渠故事詔博士諸儒會議五經於白虎觀其
行可謂美矣惜不得真儒是講明是推行故終
歸於雜而已耳光武中興好尚儒術使桓榮授
太子經會博士論難於前詔諸生雅歌擊磬明
帝尊師重傳臨雍拜老諸儒執經而問難縉紳
圜橋門而觀聽其用心非不勤也然讖緯大行

躬行無法此東都之治所以卒不古若也下逮
李唐太宗以不世出之資慨然以學古為務周
禮一書惓惓於乙夜之讀禮樂之作孜孜惟房
杜是問開弘文館日引杜如晦等討論文籍令
顏師古等考定五經玄宗開元之初勵精政治
選文學之士為散騎常侍更日侍讀質問疑義
若二君者其心可謂勞矣其事可謂偉矣然以
許敬宗之奸邪而廁登瀛之列李林甫之邪佞
而負鼎鼐之重治至小康亦云幸矣有宋隆興
五星聚奎文風大振關洛諸儒後先相繼六經

之道昭乎如離明麗空煥然若雲霞散彩皜皜
乎不可尚已豈漢唐諸儒所可擬倫哉惜其真
儒不見用所用非真儒獨一司馬溫公以道學
君子有輔佐之功然不終相業此宋之所以止
於宋而不能肩於唐虞者職此之故也且為治
之道在乎寬猛得宜若漢之文帝承呂氏擾亂
之餘而能與民休息專務以德化民吳王不朝
賜以几杖張武受賂金錢愧心其寬厚之政誠
可謂得濟猛之道矣言者謂其不若孝宣之嚴
明者正以其寬厚過甚如養薄昭之惡以陷殺

身之罪者是也中宗繼孝昭之後而以嚴明為為治責許史而啓成帝之任外戚用恭顯而啓元帝之信宦官楊韓之戮趙蓋之誅而啓哀帝之殺大臣開三大獄終以亡國此則嚴明之過也東漢明帝法令嚴明幽枉必達永平之間吏事深刻以人主之尊而有撞郎之怒則其嚴之過可知矣章帝厭明帝苛切每事務崇寬厚然寵任竇憲東漢外戚之禍實基於此則其寛之過又可知矣兩漢之君所以寛過於寛猛過於猛者以不得真儒為之輔也使其得真儒以為

用則寬所以濟猛之過嚴所以濟寬之不及豈
若是之倚於一偏也哉書曰克寬克仁詩曰不
剛不柔為治之道盡鑒于玆可也然治道之要
非博通經史識達時務者烏足以應變顧臣微
陋不自揣量妄意始終以用真儒上瀆
天聽者誠以漢唐不得真儒故六經之道晦宋得真
儒故六經之道顯真儒之用含實理學顯晦之
所關而政之寬猛亦因斯而可論矣臣愚不能
知為治之要不能適時措之宜惟願
陛下日延真儒講論治道如宋仁宗之日開天章閣

給臣僚之紙筆使跡太平之策使通下民之情
將見皋蘷稷契伊傅周召比肩於
朝治效之盛超漢唐宋而比隆虞周矣臣不勝惓
惓臣謹對

會試錄序

國家任賢能以興治設科舉以取士
得士之多致治之盛誠近代之所
罕及欽惟
皇帝以上聖之資承
列聖之統嗣位以來日御
經筵講求二帝三王脩齊治平之道

以緝熙
聖學臨幸胄監祇謁
先聖崇重師道大新學政增廣科額
孜孜焉以旁求俊乂茂陰化理爲
先務聲教漸被雖海隅僻遠之地
弦誦相聞天下學者莫不夙夜奮
勵圖以其業進售主司登用於朝布

列庶位盡瘁事
國仰副
聖心求賢輔治之誠是盖有虞黎獻共
臣之日成周多士濟濟之時猗歟
盛哉正統乙丑春歲當大比天下
貢士之來試者雲會于京至期禮
部以請

皇上命尚書臣洪八侍郎臣英為知貢舉
官學士臣習權侍講學士臣愉為
考試官侍讀臣嘉言編脩臣璉臣嗣
臣世隆給事中臣潤教授臣惟勉教諭
至敏臣諮為同考試官監察御史臣本臣一
為監試官執事諸官又選朝臣之
廉慎者特賜宴以遣之入院莫不

實畏服勤乃事凡三試之得士一百
有五十人以其氏名及其文之足
爲程度者書于小錄以進俾臣習禮
序之天士之通經博古者孰不欲
擢科取仕榮其身以顯聞於人然
或不偶于時終不得名薦書者歷
代有之今爾多士際

盛平之世值
明之主以其所業捷于主司揚于
天廷策名高第致有祿仕行當歷職
中外攄其所蘊見於所施惟夙夜
匪懈思祓
朝廷儲養之
恩俛竭忠藎慎乃職位砥乃名節建

立勳庸宣布恵澤上有以報稱於
國下有以利安於民則不徒榮遇於
一時百世之下人皆企慕之不能
已庶有以增科目之重其相與勉
之
翰林院學士奉政大夫錢習禮謹序

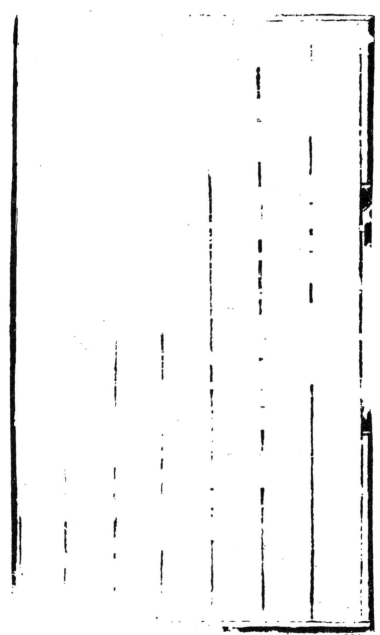

正統十三年會試

知貢舉官

資德大夫正治上卿禮部尚書胡濙 直隸常州府武進縣人 庚辰進士

正議大夫資治尹禮部左侍郎兼翰林院侍講學士王英 江西撫州府金谿縣人 甲申進士

考試官

翰林院學士奉政大夫錢習禮 吉安府吉水縣人 辛卯進士

翰林院侍講學士奉直大夫馬愉 山東青州府臨朐縣人 丁未進士

同考試官

翰林院侍讀承直郎習嘉言 臨江府新喻縣人 戊戌進士

翰林院編脩文林郎謝璉 福建漳州府龍溪縣人 丁未進士

翰林院編脩文林郎江淵 四川重慶府江津縣人 庚戌進士

翰林院編脩文林郎賴世隆 江西臨江府清江縣人 庚戌進士

禮科給事中侯潤 台州府臨海縣人 癸丑進士

福建邵武府儒學教授劉惟勉 寧波府慈谿縣人 丙午貢士

山東登州府文登縣儒學教諭嚴敏 伯魯 杭州府錢塘縣人 壬子貢士

直隸大名府內黃縣儒學教諭董諮 克謨 青州府壽光縣人 丁酉貢士

監試官

文林郎江西道監察御史俞本 立初 松江府華亭縣人 甲辰進士

參事郎貴州道監察御史蔣　誠　性存南安府大庾縣人　辛丑進士

提調官

將仕佐郎禮部司務周　濂　汝清寧波府鄞縣人　儒士

奉直大夫協正庶尹禮部儀制清吏司員外郎李春　宜春吉安府永豐縣人　甲辰進士

印卷官

禮部儀制清吏司主事馮學明　南雄府保昌縣人　監生

收掌試卷官

承直郎禮部主客清吏司主事夏　逵　存敬蘇州府崑山縣人　己未進士

文林郎大理寺右評事莊　璨　廷璽泉州府晉江縣人　監生

受卷官

奉直大夫吏部考功清吏司員外郎劉箕 志尹饒州府鄱陽縣人 戊戌進士

户部河南清吏司員外郎名、柱 文敬大同府大同縣人 癸卯貢士

彌封官

奉訓大夫刑部廣東清吏司員外郎梁霖 叔寧吉安府泰和縣人 丙辰進士

行人司行人尚褫 景福汝寧府羅山縣人 己未進士

謄錄官

將仕佐郎吏部司務金鼎 宗善嘉興府秀水縣人 監生

奉訓大夫禮部祠祭清吏司員外郎黃順 宗脩杭州府錢塘縣人 監生

奉訓大夫刑部浙江清吏司員外郎馬駉宗 永[illegible]府[illegible]州[illegible]縣人 [illegible]丁[illegible]

兵部武選清吏司主事鄭靖 廷憲 吉安府泰和縣人 壬戌進士

對讀官

中書舍人程思溫 叔玉 徽州府婺源縣人 丙辰進士

登仕佐郎工部司務張瑄 廷器 順慶府南充縣人 癸卯貢士

都察院司務李雋 邦傑 岳州府華容縣人 壬子貢士

承德郎兵部職方清吏司主事謝潭 永清 武昌府興國州人 丁酉貢士

刑部山西清吏司員外郎李棠 宗楷 嚴州府縉雲縣人 庚戌進士

承事郎大理寺左評事龍澄 大淵 臨江府新淦縣人 壬戌進士

行人司右司副王儀民籍吉安府泰和縣人壬戌進士

巡綽監門官

昭勇將軍應天衛親軍指揮使王讓充恭鳳陽府懷遠縣人

昭勇將軍神策衛指揮使丁鑑子明淮安府桃源縣人

明威將軍瀋陽左衛指揮僉事王俊廷用廬州府六安州人

明威將軍武德衛指揮僉事丁剛養浩鳳陽府懷遠縣人

懷遠將軍留守前衛指揮同知范英景華廬州府合肥縣人

明威將軍武成前衛指揮僉事韓敬從德廬州府合肥縣人

供給官

儒林郎順天府推官張春 四川嘉定州峨眉縣人 癸卯貢士

宛平縣主簿王宣 文書河間府東光縣人 監生

大興縣典史鮑瑾 廷玉淮安府睢寧縣人

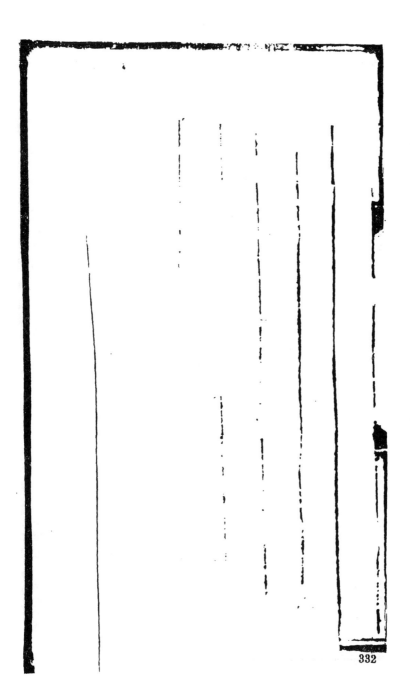

第一篆

四書

有斐君子終不可諠兮者道盛德至善民之不
能忘也

德爲聖人尊爲天子富有四海之內宗廟饗之
子孫保之故大德必得其位必得其祿必
得其名必得其壽

伯夷聖之清者也伊尹聖之任者也柳下惠
聖之和者也孔子聖之時者也孔子之

謂集大成集大成也者金聲而玉振之也

彖

臨剛浸而長說而順剛中而應大亨以正天之
道也

剛健篤實輝光日新其德剛上而尚賢能止健
大正也

天地相遇品物咸章也剛遇中正天下大行也
姤之時義大矣哉

說萬物者莫說乎澤潤萬物者莫潤乎水終萬

終始萬物者莫盛乎艮

書

任官惟賢才左右惟其人臣為上為德為下為民其難其慎惟和惟一德無常師主善為師善無常主協于克一

人不易物惟德其物

君子所其無逸先知稼穡之艱難乃逸則知小人之依

不剛不柔厥德允修

詩

肅肅兎罝椓之丁丁赳赳武夫公侯干城肅肅兎罝施于中逵赳赳武夫公侯好仇肅肅兎罝施于中林赳赳武夫公侯腹心

豐水東注維禹之績四方攸同皇王維辟皇王烝哉鎬京辟廱自西自東自南自北無思不服皇王烝哉

其告維何籩豆靜嘉朋友攸攝攝以威儀威儀孔時君子有孝子孝子不匱永錫爾類

崇牙樹羽應田縣鼓鞉磬柷圉
奏簫管備舉喤喤厥聲肅雝和鳴先祖
是聽我客戾止永觀厥成

盟于蔑 及宋人盟于宿 隱元年 齊
伯盟于石門 三年 宋公齊侯衛侯盟
瓦屋 八年 齊高子來盟 閔二年 齊侯宋公
江人黃人盟于貫 僖二年 盟于召陵 四年 諸
侯盟于首止 五年 諸侯盟于葵丘 九年

宋人陳人蔡人邾人會于北杏 公會齊

盟于柯 十三年 公會宰周公齊侯宋子

衛侯鄭伯許男曹伯于葵丘 僖九年 公會

齊侯宋公陳侯衛侯鄭伯許男曹伯盟于

牡丘 公至自會 十五年

公會劉子晉侯宋公蔡侯衛侯陳子鄭伯許男

曹伯莒子頓子胡子滕子薛伯杞伯小邾

子齊國夏于召陵侵楚 定四年 歸粟于蔡 哀元年

春王正月 隱元年 城楚丘 僖二年 天王狩于河陽 公

禮記

是故先王之制禮也必有主也故可述而多學

也

比年入學中年考校一年視離經辨志三年視

敬業樂羣五年視博習親師七年視論學

取友謂之小成九年知類通達強立而不

反謂之大成

知樂則幾於禮矣禮樂皆得謂之有德德者得

也

孝以事親順以聽命錯諸天下無所不行

第二場

論

至誠立天下之大本

詔誥表內科一道

擬漢武帝復高年子孫詔

擬唐太宗以房玄齡為左僕射誥

擬宋孔宣聖封文宣公謝表

判語

違禁取利

私役弓兵

驛使稽程

詐欺官私取財

因公擅科斂

第三場

策五道

問古昔聖帝明王受天命以居君師之位於其

臣民不惟以長以治而且有以教之言之著
於紓者多矣欽惟
太祖高皇帝
太宗文皇帝繼天出治以古帝王之心為心戒飭臣
工告教黎庶
聖謨大訓著於大誥為善陰隲孝順事實三書頒布
中外爾多士講誦之日久矣有謂古若大臣
與君同遊求之前代安社稷澤生民功烈昭
然萬世不可泯者以孰為先孝盡於親足以

感鬼神化強暴致物類之應者以孰爲著
施於人至於享祿位膺壽考延子孫之慶者
以孰爲最其明言之毋泛舉以對
問湯誥曰惟皇上帝降衷于下民若有恆性子
思作中庸曰天命之謂性曰降衷曰天命何
所分歟孔子曰繼之者善成之者性孟子則
言性善孔孟所言善性性善同歟異歟至若
荀揚韓之論性其說異矣近世儒者亦有謂
性未有善惡又有謂性無善惡又云謂之善

者只是贊嘆之辭其說然歟否歟抑何所折衷歟人稟陰陽五行之理氣而生宜均善而無惡也何以有剛柔暴險智愚之不同歟五常之謂性孟子止言四端朱子亦曰與之以仁義禮智之性皆不及信何歟性發而爲情中庸不曰性情而曰中和何歟中庸之言情四程子乃曰其中動而七情出焉又何歟七情於五性果何所本歟請明辨之

問道原於天地而貫乎古今人之所當共由而

宗可一覽易繫辭六見之於是已有天地人之道何子思謂誠者天之道誠之者人之道而不及地之道何歟先儒於中庸自二十一章以下分天道人道而言其旨可得詳歟夫子於顏淵問仁告以克己復禮仲弓問仁告以主敬行恕先儒釋以乾道坤道而不及人之道又何歟有所謂聖人之道君子之道果何所分歟堯舜夫子皆聖人道固同也而孟子曰堯舜之道孝弟而已矣曾子曰夫子之道忠

恕而已矣何其道之不同歟夫子又謂孝弟為士之次中庸謂忠恕違道不遠何歟其詳析而明言之

問教民以學校為先而風俗繫焉三代學制𢾺法與其風化之盛可得聞歟漢興秦隍學校若文翁蜀守興學止於一郡而已而論者曰漢自高惠至於文景黎民醇厚幾致刑措然則風俗之美果何道以致之歟武帝始立太學及郡國學行之有其實歟光武起太學明

帝辛辟雍其實可舉歟當時郡國之學亦舉行歟又有四姓小侯學為誰立歟兩漢風俗所尚亦有可論歟唐太宗增學舍廣生員又設六學皆隸國子監生徒各有數可考其詳歟當時風化有可取歟宋初開國子監州縣學未立儒者依山林間講授而四書院為尤著州縣之學立於何年起於何人所言歟宋之風化亦有可言歟請詳陳之毋泛毋畧

問三代人才之盛不可尚矣漢唐宋之興士之

出爲世用者建政立事尊主庇民顯于當時傳之後世者不可以一二遽數姑畧舉而言之輔成君業俾之敬而不敢慢可正君心引之志於仁而不忘正直是以懾阿諛忠厚是以闢忍刻所立事業竒偉而專以四者爲之本忠亮居位以匡其君諳練在朝不恤其身憂國家才氣老成以振作士類爲己任安危疑德業盛大足追配古人而無媿至於能受人言雖逆之而不慍是數子者皆先儒之所

品藻無窮聽說幽巖上其言與其人以實之以

觀所謂

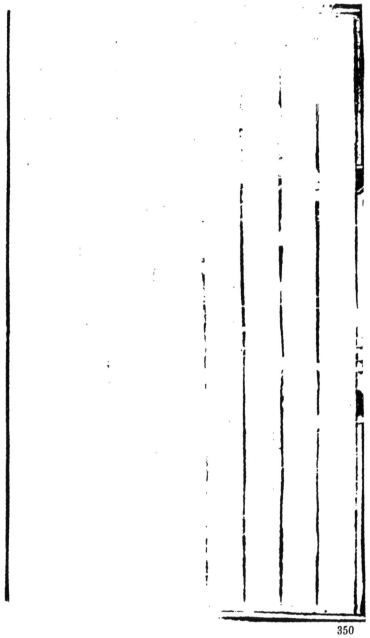

中式舉人二百五十名

第一名商輅　浙江淳安縣人監生書
第二名劉昌　直隸吳縣學生詩
第三名周宣　福建漳州府學生易
第四名史敏　直隸淮安衛軍籍監生禮記
第五名周鑑　湖廣麻城縣人監生春秋
第六名吳中　四川眉州人監生詩
第七名張春　直隸真定縣學生書

第八名張翀　山東安丘縣人監生易

第九名向敬　四川資縣學生禮記

第十名方杲　直隸廬州府學增廣生春秋

第十一名徐瑄　直隸嘉定縣人監生易

第十二名曾家簡　江西泰和縣人儒士書

第十三名李庸脩　江西吉安府學生詩

第十四名林廷舉　廣東潮州府學增廣生春秋

第十五名陳雲鵬　浙江餘姚縣人儒士禮記

第十六名胡濬　江西鉛山縣人監生書

第十七名祈義　廣東潮州府學生春秋
第十八名金智　直隸上海縣學增廣生易
第十九名薩享　山西應州人監生詩
第二十名馬剴　福建汀州府學生禮記
第二十一名毛珎　湖廣華容縣學增廣生書
第二十二名金愷　直隸武進縣學增廣生詩
第二十三名何琛　四川順慶府學增廣生易
第二十四名蕭斌　陝西朝邑縣學生書
第二十五名宋璪　直隸松江府學增廣生詩

第二十六名楊禮和　四川江津縣人監生春秋

第二十七名衛儀　山西安邑縣人監生易

第二十八名申祐　貴州婺川縣人監生詩

第二十九名陳詠　直隸隆慶州永寧縣學寄生禮記

第三十名葉盛　直隸崑山縣學增廣生書

第三十一名葉冀　浙江開化縣人監生易

第三十二名徐語　江西南昌府學生詩

第三十三名林諒　福建興化府學增廣生書

第三十四名田琛　河南襄城縣學增廣生詩

第三十五名趙訪　湖廣麻城縣學增廣生春秋

第三十六名呂正　直隸晉州學生書

第三十七名張紳　直隸句容縣學生詩

第三十八名浦淸　直隸松江府學生禮記

第三十九名羅虎　江西南昌縣人監生易

第四十名趙永寧　四川定遠縣人監生詩

第四十一名錢博　直隸華亭縣學增廣生春秋

第四十二名陳璉　直隸鎮海太倉衛學軍生書

第四十三名王鉉　浙江上虞縣學生詩

第四十四名徐昌　順天府大興縣人儒士春秋

第四十五名蕭彝　江西泰和縣人監生書

第四十六名潘暄　直隸嘉定縣人監生易

第四十七名蘇霆　福建龍巖縣學生禮記

第四十八名李錫　山東[illegible]河縣學生書

第四十九名葉晃　四川[illegible]縣[illegible]生詩

第五十名溫顯　直隸祁門縣學增廣生春秋

第五十一名李梁　福建仙遊縣學生書

第五十二名劉俊　陝西寶雞縣學生禮記

第五十三名秋祥　山西右玉林衞學軍生易

第五十四名高閏　遼東蓋州衞學軍生書

第五十五名李駿　浙江會稽縣學增廣生春秋

第五十六名甯良　湖廣邵陽縣人監生禮記

第五十七名沈和　浙江仁和縣學生書

第五十八名姚恭　浙江臨海縣人監生詩

第五十九名沈綱　福建福州府學增廣生易

第六十名柴文顯　浙江嚴州府學生書

第六十一名鄭瑄　山東濟寧州人監生春秋

第六十二名徐行　山東單縣學生禮記

第六十三名劉璉　順天府學增廣生書

第六十四名趙昂　順天府學軍生詩

第六十五名陳芳　江西廬陵縣學生易

第六十六名陳律　江西吉安府永豐縣學生書

第六十七名周瑩　福建僊遊縣學生詩

第六十八名童存德　浙江蘭谿縣人監生春秋

第六十九名沈紀　順天府宛平縣人監生易

第七十名原傑　山西陽城縣人監生詩

第七十一名李奎　河南汲縣人監生禮記
第七十二名丁本　山東嶧縣人監生書
第七十三名陳濂　浙江寧波府學生詩
第七十四名周瑜　廣東南海縣人監生易
第七十五名馮維　湖廣武陵縣人監生書
第七十六名王宣　四川長壽縣人監生詩
第七十七名許達　直隸徽州府學生春秋
第七十八名潘伯通　河南光山縣學增廣生易
第七十九名金亮　浙江寧波府學生詩

第八十名馮時　陝西寧州學生禮記
第八十一名劉諭　直隸冀州學增廣生書
第八十二名許箎　直隸無錫縣人儒士詩
第八十三名李和　直隸永平府學生易
第八十四名馬垸　直隸丹陽縣學生書
第八十五名崔璵　順天府學生詩
第八十六名曹凱　山東益都縣人監生春秋
第八十七名宋欽　陝西乾州人監生易
第八十八名胡端　江西吉安府學生詩

第八十九名曾卓　江西吉安府永豐縣學生禮記
第九十名許振　江西吉水縣人監生書
第九十一名王福　山西清源縣人監生詩
第九十二名嚴樞　江西萬安縣人監生易
第九十三名應顥　浙江淳安縣學增廣生書
第九十四名章綸　直隸桐城縣人監生詩
第九十五名陳樹紹　福建福州府學增廣生春秋
第九十六名董方　順天府鄭縣學生書
第九十七名盧中　湖廣蒲圻縣學生禮記

第九十八名姚哲　浙江海寧縣學生易

第九十九名朱海　湖廣桂陽縣人監生書

第一百名莊𢿙　福建泉州府學生詩

第一百一名張淇　江西安福縣人儒士春秋

第一百二名劉玫　江西萬安縣人儒士書

第一百三名王鎮　山東濟寧州人監生詩

第一百四名丁璿　陝西武功縣人監生禮記

第一百五名卞榮　直隸江陰縣學生書

第一百六名尹恕　江西安福縣人監生詩

第一百七名劉會　直隸英山縣學生易
第一百八名錢昕　直隸常熟縣學增廣生書
第一百九名李寳　直隸順義縣人監生詩
第一百一十名王猷　貴州永寧宣撫司學增廣生春秋
第一百一十一名周旋　江西鄱陽縣學生書
第一百一十二名盛琦　浙江鄞縣人監生詩
第一百一十三名朱英　湖廣桂陽縣學生易
第一百一十四名閻銓　山西絳州學生書
第一百一十五名王允　山東歷城縣人監生詩

第一百十六名朱縉　浙江餘姚縣學增廣生禮記

第一百十七名袁廣　江西泰和縣學生書

第一百十八名周壽　江西吉水縣學增廣生詩

第一百十九名宋萱　陜西咸寧縣學增廣生易

第一百二十名王紹　山西屯留縣學生書

第一百二十一名王壤　河南襄城縣學生詩

第一百二十二名李友蘭　直隷祁門縣學增廣生春秋

第一百二十三名遲永　直隷任丘縣人監生書

第一百二十四名樓澤　浙江永康縣人監生禮記

第一百二十五名楊鋐　江西泰和縣人監生易

第一百二十六名唐雄　直隸蘇州府學生書

第一百二十七名張謙　直隸當塗縣人監生詩

第一百二十八名黃鎬　福建侯官縣學增廣生禮記

第一百二十九名陳暄　福建莆田縣學生書

第一百三十名徐彬　浙江黃巖縣人監生詩

第一百三十一名黃綬　順天府平谷縣學生易

第一百三十二名杜銘　四川金堂縣人監生書

第一百三十三名陳善　河南羅山縣人監生詩

第一百三十四名胡濬　直隸祁門縣人監生春秋
第一百三十五名戚俊　直隸華亭縣人監生書
第一百三十六名萬安　直隸威縣學增廣生詩
第一百三十七名李鏊　福建長樂縣學生禮記
第一百三十八名羅紳　直隸無為州人監生書
第一百三十九名陳璠　直隸華亭縣人監生詩
第一百四十名劉珷　順天府順義縣學增廣生易
第一百四十一名周洪謨　四川長寧縣學增廣生書
第一百四十二名陳鉞　山東東平州學生詩

第一百四十三名喬[illegible] 山西代州學增廣生春秋

第一百四十四名項璁 直隸崑山縣學增廣生書

第一百四十五名林長清 福建莆田縣學增廣生詩

第一百四十六名曹侍 浙江蕭山縣學增廣生易

第一百四十七名戴[illegible] 直隸含山縣學生書

第一百四十八名黃霖 江西樂安縣學生詩

第一百四十九名劉羽翔 山東兗州府學生禮記

第一百五十名陳寬 江西豐城縣人儒士書

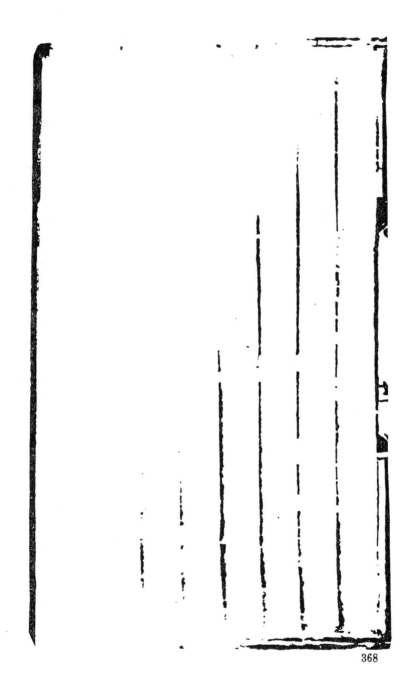

四書

德為聖人尊為天子富有四海之內宗廟饗之子
孫保之故大德必得其位必得其祿必得其名
必得其壽

同考試官編脩謝　批此篇善形容大孝之實異
於衆作故表而出之

考試官侍講學士馬　批議論有據詞簡理明可取

考試官學士錢　批析理明達詞暢可取

惟孝之在於聖人者有其實故福之集於聖人者有可必蓋孝者得福之本聖人之孝天下莫能加則諸福之至自有不期然而然者矣今夫世之人欲孝其親者多矣而舜則謂之大孝果何由而見之人孰不欲其子之賢舜則濬哲而文明温恭而允塞德爲聖人焉居五位之尊至貴而無倫而貴爲天子父是尊之至也有四海之廣至富而無敵而以天下養其親是養之至也欲其奉先也禘黃帝而郊嚳祖顓頊而宗堯祭有以盡其誠而宗廟饗之矣欲其遺後也虞

恩封於夏胡公封於周慶有以延於世而子孫保之
矣然孝者德之實行聖人之孝既有其實則德之大
從可知矣故雖無心於得福而天之福聖人者自不
容他適矣以堯揖遜而受禪此大德必得其位也禹
任土方以作貢此大德必得其祿也以及為法於天
下可傳於後世之名百有十歲之壽何莫非大德而
必得之乎故曰惟孝之在於聖人者有其實故福之
集於聖人者有可必者此也抑考中庸此章以其責
之大者而言故引孔子稱大舜之事以明之蓋由庸

行之常推之以至其極以見斯道之用為甚廣也而
其所以然者則其體為甚微矣故曰君子之道費而
隱學者不可以不知

伯夷聖之清者也伊尹聖之任者也柳下惠聖之
和者也孔子聖之時者也孔子之謂集大成集
大成也者金聲而玉振之也

李庸俌

同考試官侍讀習　批此篇析理詳明善融會傳註

考試官侍講學士馬　批文詞清新議論正大寔

之選列歟曰不宜

考試官學士錢　批　說理明文暢宜在選列

有一偏之聖有全體之聖故大賢既分言於前而孫取諭於後也蓋三子之行各極於一偏猶作樂而備一音之小成夫子兼三子而為全體之聖豈不猶集衆樂之小成而為一大成也哉今夫人固有志於清者未能不出於思勉惟伯夷之志無所雜而為清之極非聖之清乎人固有志於任者未能不拘於去就惟伊尹之心則以天下為己任而所任者重非聖之

任乎至於和而失之流者人情之常惟柳下惠之行則無所異而爲聖之和也然三子之行清者偏於清而不能任任者偏於任而不能和和猶春夏秋冬之各一其時若吾夫子則無可無不可盖兼三子之所以聖者而時出之則猶太和元氣之流行於四時也非爲聖之時乎又孰爲聖之時則不拘於夷之清而兼乎尹之任然不拘於尹之任而全乎惠之和矣若此不謂之集大成可乎然所謂之集大成得不即音樂以明之乎夫樂之作也八音並奏於其未作而先擊鎛

鎛以宣其聲俟其既闋而後擊特磬以收其韻宣以始之收以終之二者之間脈絡通貫無所不備是合衆音之小成而爲一大成也論至於是則知吾夫子之所以聖者又豈三子之所可同日而語哉再考下文有曰始條理者智之事也終條理者聖之事也則又以明聖人智聖之極也又曰智譬則巧也聖譬則力也由射於百步之外其至爾力也其中非爾力也則又以釋智聖之義而見其有偏全之異爲讀者不可以不知

易

剛健篤實輝光日新其德剛上而尚賢能止健大正也

周宣

同考試官編脩謝　批此題主意言大畜君子畜德畜賢必以大正他作不能發明惟此篇得之寡矣高選孰曰不宜

考試官侍講學士馬　批筆力老健辭有發明佳作也

考試官學士錢　批　詞理精明深得解經之旨

知德之蘊於已者爲甚盛則知道之見於用者合乎正蓋有諸中必形諸外君子蘊畜其德實有諸已則其尊賢止健又何從而非以正乎聖人釋大畜之卦名卦辭其旨深矣今夫大畜之爲卦內體乾也乾之德剛健外體艮也艮之德篤實剛健者剛則不屈則不息篤實者篤則篤厚實則充實惟其篤實也和順積中而英華發外所謂充實而有光輝之謂也惟其剛健也則得於已者悠久而不息所謂日

之謂盛德也非所謂德之蘊於己者為甚盛乎[illegible]已德既盛則足以為畜賢之本賢不我畜則何以見其畜德之效哉是故九之陽剛本居於五今而進居於上是六五之君尊而尚之此所以為尚賢之義也艮為止而在上乾為健而居下是以一剛之正而止乎至健之進此所以為止健之義也惟其尚賢則必去讒遠色賤貨而貴德非大正則不能然惟其止健則必堅强不屈能勝於物亦惟六五之所為矣又非所謂道之見於用皆合乎正乎抑考是卦大象有曰

天在山中大畜君子以多識前言往行以畜其德是
又喻夫人之欲畜其德必由學問之功以成其大此
則由剛健篤實至於日新德為有諸己矣而後能尚
賢止健其意謂必有大蘊畜而後有大設施也吁至
哉

說萬物者莫說乎澤潤萬物者莫潤乎水終萬物
始萬物者莫盛乎艮

徐瑄

同考試官編脩謝　批此題本文王後天之易而言

六子之用諸作辭有能明其義者此篇盡
認明白深得聖人說卦之意

考試官侍講學士馬　批能發明說卦之旨必熟於經者宜在選列

考試官學士錢　批體認不差發明透徹佳作也

造化成夫物而為其終始者必序其卦象之用焉蓋物之成者固資乎潤說之功然其所以成終而成始者得不本於艮以止之功哉宜乎說卦聖人有以序其用也且夫盈天地間林林總總若此其不一者萬物

也形形色色若此其不齊者亦萬物並方其齊乎巽
也但撓之以風而潤說之功未著相見乎離也但燥
之以火而成物之功未見其所以和說而成其物者
得不在於澤乎蓋澤者兌之象也在四方則居西於
四時則爲秋萬物於斯時也則和說以成其質收斂
以遂其性非兌澤之功乎故曰說萬物者莫說乎澤
也物既說矣其所以滋潤而固其物者得不在於水
乎蓋水爲坎之象居乎正北於時爲冬萬物於斯時
也翕然以滋養寂然以貞固非坎水之功乎故曰潤

萬物者莫潤乎水也至若艮之爲卦位乎東北之方當乎冬春之交然爲物之終者其用在乎坎若無與於艮也而所以成其終者必在於艮焉爲物之始者其用在乎震亦若無與於艮也而所以成其始者必在於艮焉又非終萬物始萬物者莫盛於艮乎抑考此章說卦聖人序六子之用而潤說終始皆所以成乎物也然而潤說之義皆以象言而終始者獨以卦言何也蓋潤說者以其象而終始萬物者其義有不於象也學者詳之

書

任官惟賢才左右惟其人臣為上為德為下為民

其難其慎惟和惟一德無常師主善為師善無

常主協于克一

曾蒙簡

同考試官給事中侯　批此篇文學理熟妥

湖襄傑作也

考試官侍講學士馬　批詞暢理明結能說出伊

尹堯舜君民之心尤見其抱

考試官學士錢　批　題旨詳明文詞典贍允爲高等

大臣之告君既欲其盡建官用人之道復欲其得取人爲善之要蓋臣職所係甚重君德之脩爲尤難故不惟任官必求其人而爲善必有其要焉宜伊尹詳舉以告太甲也尹意若曰天下之大人君一不能以獨治必衆建官使以治之凡布列中外者庶官也庶官必求勝其任惟有德者在位有才者在職焉可也輔弼左右者大臣也大臣尤貴於得人必有才德之兼備學業之素孚者可也以其職雖有小大之殊責則一焉

君民之重上焉而啓善閉邪甘獻可替否乎爾所
成其德下焉而所欲與聚所惡勿施康濟小民以利
其生臣職所係其重如此建官之際豈可輕乎必也
難於任用至之而不敢易慎於聽察謹之而不敢忽此
所以防小人使之無所售其奸可否相濟待之協和
而無乖終始惟一信之專一而不二又所以任君子
使之得以行其道官使得人固足以為君德之助又
豈可自廣狹人而不樂取諸人以為善哉德無常善
天下之德無一定之師惟善是從則凡有善者皆可

師此資諸人者善原於一天下之善無一定之主惟一其心則其所取者無不善此反諸己者始也博而求之於不一之善有以得一本萬殊之理終也約而會之於至一之理有以達萬殊一本之妙此聖學始終條理之序而人主取人為善之要也太甲至是而得與聞焉其才固有大過人者觀太甲復辟之初伊尹致仕而去恐其德不純一任用非人作書訓之尤惓惓於為德為民之語實伊尹自任以天下之重上欲堯舜其君下欲堯舜其民之心雖老而不忘太甲

能服膺斯言克終厥德爲商令王綿名於六七君之
列謂非伊尹告戒之力不可也
君子所其無逸先知稼穡之艱難乃逸則知小人
之依

高靜

同考試官編脩賴　批全場七篇俱優此篇發明
無逸乃逸異於衆作宜表而出之

考試官侍講學士馬　批文詞明暢講理親切
可取

考試官學士錢　批此題本難作惟此篇言周公告君之意反復詳盡題出最作佳士也

君當勤以自處而無時之或違要必勤以居逸而知民之所恃蓋勤者君道所當盡苟或不知農事之勤而居君位之安又何以知民生之所恃哉昔者周公作書以告成王謂夫逸者人君所當戒而無逸者人君所當勉然不徒曰無逸而又曰所其無逸者所猶處所也君以勤爲處所則出入起居必在於是無須臾之或離動靜食息亦在於是無頃刻之或違其常

文其大暫也其終也如之其始也爲若是者豈忌遠譽之
而好憂之勤哉誠以生民之功莫盛於稼穡四民之事
莫勞於稼穡種之在野鉏耰耘耨作勞於暑雨之際
登之於場斂穫銍刈勤動於畎畝之間竭三時之力
收一歲之功農事信乎其艱難矣知乎此則深居九
重閫嚴自暇不輕奪其時而使有田卒汙萊之嘆論
拱五侄不遑寧處無過用其力而使有餘裁禮曷之
憂是知民生依於稼穡猶魚之依水木之依土魚非
水則無以自養木非土則不能以自植民非稼穡

則饑饉不聊于生流離而失其所甚矣君天下者不
可不知農事之艱難從宜周公之訓成王一而首及乎
此然其所由來亦尚矣舜自耕稼以至爲帝大禹躬
耕以育天下周以農事開國后稷降播種公劉篤民
事文王一即田功武王重民食帝王之興皆本於此成
王初政周公作無逸之書以訓之與七月之詩相表
裏甚惓惓思憂爲何如哉後成王能由其訓以成[illegible]
之治延八百年之祚爲三代有道之長實[illegible]
[illegible]成康有以繼之周召有[illegible]

詩

肅肅兎罝椓之丁丁赳赳武夫公侯干城肅肅兎
罝施于中逵赳赳武夫公侯好仇肅肅兎罝施
于中林赳赳武夫公侯腹心

劉昌

同考試官侍讀習　批此題前一章言才後二章言
德是篇可謂得之矣

考試官侍講學士馬　批文理條暢詞氣春容可取

考試官學士錢　批善形容周家治化人才之盛文詞

既因所事以興人有可用之才復即所事以興人有可用之德蓋才見於外而德蘊於中者也合也於微事而能致乎謹則知其人之才德兼備而有以本乎文王之德化者爲何如哉昔者文王之治國也化行俗美賢才衆多雖兔罝野人猶有可用之才德故詩人因事託興而美之謂其設彼斯罝則肅肅然而整飭椓彼其杙則丁丁然而有聲斯人也雖爲武勇之夫於其以威事而急悍制其才豈不可以爲公侯干

城乎吾知其舉而用之必能捍衛乎國家藩屏乎王室矣然此特以其才之見於外者言而未及乎德也故又因事而言之若曰中逵中林皆施罝之所也罝之施也雖非一二而所以為整飭之容則同地之易也雖非一所而所以存敬謹之心則一惟其有敬謹之德豈不可以為公侯好仇乎又豈不可以為公侯腹心乎吾知其信而任之必能同功而一體同心而同德矣吁椓杙也中逵也中林也其所寓不同而敬謹之心惟隨寓而隨著干城也好仇也腹心也其所

用不同而才德之義必隨施而隨宜此可見賢才之多而文三德化之盛極其至矣雖然論治化之盛必本於人才論人才之盛必本於才德今免罝野人而其才德如此成周治化人才之盛可知宜詩人嘆美之不已也

設業設虡崇牙樹羽應田縣鼓鞉磬柷圉既備乃奏簫管備舉喤喤厥聲肅雍和鳴先祖是聽我客戾止永觀厥成

同考試官教諭董　批此作理明詞暢善能形容人聲樂感通之妙宜在高選

考試官侍講學士馬　批觀聲樂之備如在周庭可謂善於形容者矣

考試官學士錢　批理有發明文亦通暢佳作也

惟樂器備而聲無不和故神明格而人無不感夫神人之感格者正以其樂備而聲和也苟不有樂器之備而聲音之和則幽無以格乎神而又豈能明以感乎人哉是詩說者謂周人始作樂而合祖也謂之設

業設虡則所以懸鍾磬者秩然而是陳也謂之崇牙樹羽則所以飾業虡者蘩然而可觀也業虡既設鍾磬既懸以及小鞞而謂之應大鼓而謂之田又有周制之縣鼓者焉固無一之不具矣柄而搖者為鞉石而擊者為磬又有起樂止樂之柷圉者焉亦無一而不備矣樂器固貴乎備備則斯奏焉簫管亦不可闕既備斯舉焉于斯時也聲大而極其和者非喤喤厥聲之謂乎音小而極其和者非肅雍和鳴之謂乎八音之和如此豈不足以感格神人乎是故先聖者先

王之神也於我有幽明之辨未動格焉今則洋洋在
上若有以聽我之樂而愁恫者無有也我客者夏商
之後也於我有疏遠之異不易感也今則顒顒在位
觀樂之成而厭斁者無有也謂之曰成者則與簫韶
九成爲一致繹如也以成爲不殊矣吁樂器無大小
之備而無遺神人極感通之妙而無間非有周作樂
之盛能若是歟抑考虞書有曰祖考來格虞賓在位
商頌有曰我有嘉客亦不夷懌即此詩先祖是聽我
客戾止之謂也是知虞也商也周也時雖不同而音

樂之妙無不同世雖有異而感通之妙無或異所謂
先聖後聖其揆一也猗歟盛哉

春秋

公及邾儀父盟于蔑　及宋人盟于宿 隱元年 齊
侯鄭伯盟于石門 三年 宋公齊侯衛侯盟于瓦
屋 八年 齊高子來盟 閔二年 齊侯宋公江人黃人
盟于貫 僖二年 盟于召陵 四年 諸侯盟于首止 五年
諸侯盟于葵丘 九年

同考試官編脩江　批公私之間作者多矣罕能識
不明此篇敘事不繁而筆力老健非熟於春
秋者不能也一薦何忝

考試官侍講學士馬　批議論正大得春秋之旨

考試官學士錢　批題旨明而詞氣充暢熟於比事之
教者宜在優等

講信屢出於私而春秋惡其非講信屢出於公而春
秋善其事夫盟春秋之所惡也與其盟而為私孰若
公天下之為愈哉先王盛時載書掌於司盟非諸侯

所最尊也夫何魯隱即政之初首及附庸之邾而爲于蔑之盟再要三恪之繼而爲于宿之歃已而齊鄭啟尤於石門三國合黨於㡳屋列國紛紛始多故矣然蔑之口血未乾宿之載纔即繼特盟之壇坫未掃而參盟之要誓遽與朝盟而夕數暫會而卒離無忠信誠慤之心務衰世傾危之習是皆人心之私也春秋惡之所以爲王道計也吁盟固所當惡而又善其尋可乎有如齊桓主伯之時閔魯國之有難也高子來春喜而爲盟憤楚貢之不至也結江黃于貫盟屈

完於召陵已而推戴王儲于首止申嚴五禁于葵丘當時實有賴於桓矣然王國因之而綏靖荊楚由是而帖服大本正於危疑之秋王法明於既亂之日收人心於渙散扶衰世於小康事雖不請於司盟功實有裨於中國是皆天下之公也春秋善之所以爲世道慮也嗟夫大道隱而家天下然後有詐誓忠信薄而人心疑然後有詛盟盟詛煩而約劑亂末流不勝其弊矣春秋惡其盟者蓋欲革薄從忠有志於天下爲公之世也歟

春王正月 隱元年 城楚丘 僖二年 天王狩于河陽 公
朝于王所 二十八年

方泉

同考試官教諭嚴 批 春秋之作所以正王伯君臣之分
篇中作者多失書法惟此得之故宜録出

考試官侍講學士馬 批 屬辭比事貴得其理此
篇鋪敘嚴整文有發明可取

考試官學士錢 批 此篇斷制明白得春秋謹嚴之
旨矣 薦無忝

三王遷而覇伯功尊王道而全臣禮此春秋之法也
衰周春秋既降而雅頌不作聖人假魯史以寓王法
於一經之首即書春王正月意謂王不奉天則無以
行號令於天下諸侯不承王朔則無以立政教於國
中故書王次春書正次王言王必欽若天道諸侯必
謹守王度則大一統之義斯著而王道明矣惟其欲
尊王道彼伯功雖大亦奚足取若衛為狄滅而齊桓
城楚丘以封之雖曰興滅繼絕然封國乃天子之大
權豈伯主所得專也春秋於此沒其迹而抑其事非

明王道而畧伯功者乎至若晉文自嫌強大召王就見春秋乃書狩于河陽意謂周轍雖專猶爲天下之共主晉伯雖強不過列國之諸侯以臣召君其何以訓周以天王自狩爲文使天下咸知所尊而無敢不敬則名分正而君道尊矣惟其欲尊君道故諸侯脩禮亦在所取若我公領袖乎列辟展敬於行在雖曰所非其所然巡狩乃天子之大典朝覲述職之要也春秋於此諱其實而存其名非尊君道而全臣禮者[illegible]十奉大一作於尊君抑臣故畧伯主之專封者

其詞微蓋至王國之脩禮者其詞顯筆削之際可謂嚴矣雖然專封一姑置弗論王所之書當時諸侯與伯主皆在春秋何畧之而獨書公朝者豈非以晉文君君名義終不可諱聖人之心深有所不是於此也歟

禮記

比年入學中年考校一年視離經辨志三年視敬業樂羣五年視博習親師七年視論學取友謂之小成九年知類通達強立而不反謂之大成

同考試官教授劉　批此題近節中二截然畢十截既所得作者皆不能分惟此卷得之

考試官侍講學士馬　批此題作者多泥此篇能發出先王作人之意僅此有識士表而出之

考試官學士錢　批此篇於題意有發明於文詞亦條暢可取

觀古人教人既因時而考業復循序而責成蓋教者所以期其才之成也苟不因時考校以責其效又何以知其學之淺深德行之虛實哉何以言之古者大

學之設以教鄉大夫元士之子與所升俊選之士也
年者每歲也中年則間一年也每歲皆有入學之人
既間一年必考之以觀其藝之進否若有八焉離絕
經書之句讀則必能辨別志向之邪正于以見其爲
一年之所進也知謹於所習而不怠忽則能愛好同
類而無所睽貳又非其三年之所得乎再間而至於
三年觀其廣博所學而不拘於限制則必能親近師
長而於訓誨知嗜好矣又間而爲七年觀其講求學
問討論蘊奧則必於取友輔仁知所擇矣然而至是

學則進矣而未幾乎老成行則脩矣而未安於純固則可謂方之小成而未及乎成德也若夫積學於九年之久著業於數四之餘則理明義精德盛仁熟其於天下事物之理脩齊治平之道必能聞一以知十因此而識彼觸類通達無所不知德性堅定卓然有以自立而不為外物之所搖奪若是乃造乎成德之地而為大成之士又豈一才一藝之可比哉抑考學記一篇皆記先王作人之意上文言自家而國鄉莫不有學則施教有其地矣此自一年以至九年皆有

考校之法而大成之士尤必期之於九年之後則其責效又有序矣可見當時家無不學之人國無不成之才此所以治隆於上俗美於下而非後世之所能及也歟

知樂則幾於禮矣禮樂皆得謂之有德德者得也

向敬

同考試官編脩江　批作者於禮樂之得以下多欠發明

此篇文理醇正講論精緻特表而出之

考試官侍講學士馬　批此題諸作於幾於禮處不

知所主而妄說者多此篇獨得其妙可取

考試官學士錢 批此作理既詳明文有發揮宜

取中式

識乎聲樂者斯通夫倫理之微明乎禮樂者必資其有
成德之實夫樂者通倫理者也倫理之中皆禮之所
寓君子惟能因樂以知禮則必得於己而有成德之
實矣樂記君子其言深哉今夫不知聲者不可與言
音不知音者不可與言樂是以君子於五聲相宣之
中八音克諧之際而能知夫宮聲為君而獨尊所居

於衆音之先商聲爲臣而居次故作於宮音之後則是
有以辨析乎君臣之分矣至若角爲次而爲民徵羽爲
事物皆以其象從而降殺則小大輕重之倫皆安其
位而不相奪高下疾徐之節各得其理而不相亂則
禮之天尊地卑之理貴賤以位之義豈不有以冥其
精微之極通乎倫類之妙而謂之幾於神者豈不信
乎雖然禮樂之道何嘗不貫通哉君子惟能審於聲
音達於政治辨義理之幾微明事物之纖悉則必致
樂以治心致禮以治躬而禮樂之理實有諸己夫有

諸己則其德之積於中者純然粹然而無一理之不具睟面盎背而無一體之不充謂之曰德者得也言必實得於己而非聲音笑貌之所為也故曰識乎聲樂者斯通夫倫理之微明乎禮樂者必有成德之實者此也由是觀之樂必通乎禮而禮必寓於樂禮也樂也乃政事之所關治道之所由成也君子苟不能審於聲樂之間則倫理之幾微或不能辨矣又何以有得於己而成其德也哉吁非知道者其孰能識之

論

至誠立天下之大本　商輅

同考試官編脩賴　批論題本以性理書難於形容作者失之泛則失之略此篇能發明簡切可取

考試官侍講學士馬　批理明詞暢命意異乎衆作

考試官學士錢　批論文有發明必多學之士

論曰惟聖人極至誠之德故有以統天下之理蓋至誠者大本之所由立也聖人之德既極其誠則所性

之全體豈不有以統天下之理哉請申論之聖人之
生稟聰明睿知之資具仁義禮智之德首出庶物卓
冠群倫其知生知不待思而得也其行安行不待勉
而中也氣質清明萬理咸備而其為德則真實無妄
天道之至誠於穆不已聖人純於天道亦不已焉故不
惟曰誠而必曰天下之至誠者以見聖人之德之實
天下莫能加也惟聖人之德極誠無妄則其所性之
全體又豈有一理之不備哉是以天下之道千變萬
化無一不由此而出精粗巨細靡不由是而行故其為

仁義則極其仁義而表裏皆仁義之實不以一毫私
意雜於其間也其爲禮智則極其禮智而表裏皆禮
智之著不以一毫物欲間乎其內也至若父子之親
君臣之敬而所以親所以敬者乃聖人性分之所存
夫婦之別長幼之序而所以別所以序者亦惟聖人
人道之所盡推之一事一物之間一言一行之際何
莫非出於聖人之性哉然聖人之性既有以統夫天
下之理豈不有以立天下之大本乎大本之所以立
又皆本於聖人至誠之德也使聖人之德一有不實

則爲物欲之累而其本且不立又何以立天下之大本乎然其立也皆本於聖人至誠自然之功用而非有所倚著於物勉焉而後能也論至於是則知有至誠之德然後有以立天下之大本立天下之大本然後有以見至誠之功用矣子思子於中庸首言天命之性繼言中者天下之大本蓋以明性之賦於人者其實體無不備於此而曰唯天下至誠立天下之大本又以明天命之性雖賦於人而備所性之全體其自然之妙用有以默契於天道之極致者則唯在於

至誠之聖人焉可哉其可以當之者其唯古之堯舜

與今日

聖人在上

表

擬宋孔宜襲封文宣公謝表

同考試官編脩賴　批　表雅可觀

考試官侍講學士馬　批　表詞典重可取

考試官學士錢　批　表典正得體

伏以茂建
鴻圖撫萬方而嘉靖特頒
寵命榮一介之卑微喜動魯邦光生闕里欽惟
皇帝陛下
德同乾健
敬與日躋位
天地以中和致華夷之率俾
施仁發政蘇九州四海之遐黎
制度考文與二帝三王之盛治肖尊崇於名教誕渙

發於
綸音求
先聖之雲仍
錫上公之祿爵
恩踰山嶽報乏涓埃臣宜揣分奚堪銘心是感所願
人文宣朗同日月之光華
聖壽延長共
天地而悠久無任瞻
天仰

聖激切屏營之至謹拜

表稱

謝以

聞

策

第一問

商輅

同考試官編脩賴　批　數千言簡明宜優選

考試官侍講學士馬　批　辭簡意備善對策者

人以致[illegible]

達州牧福澤有以延于世者則禹為之最焉得其而

臣工下而民庶於

聖訓之所及者服膺而躬行之則為臣者有以盡其忠為子

者有以盡其孝以仁而存心者愛民而及於物矣是

誠

二聖所以興民行扶世教以開萬世隆平之治生斯世為

斯民何其幸哉謹對

第二問

張鶴

同考試官編修謝　批性理之學作者不必深求其遺故者多矣此篇條答明白非平日有體貫者不能也

考試官侍講學士馬　批辨析明暢足破千古疑實深於理學者也

考試官學士錢　批此策隨問皆答剖析無遺非泛作所及

性一也有自原於天而言者有自賦於人而言者原於天者本然之理而無不善也賦於人者則氣質之拘始有善惡之分焉知乎此則聖賢之論性可得而聞　書曰惟皇上帝降衷于下民若有恒性謂之

陰氣者以天之降命於人而具以仁義禮知信之
無所偏倚而人得以爲常性也中庸曰天命之謂性
者謂天以陰陽五行化生萬物氣以成形而理亦賦
焉人物各得所賦之理以爲健順五常之性也曰降
衷曰天命言之不同者衷但言人而命則無乎物也
孔子易繫曰繼之者善成之者性而孟子專言性善
易繫蓋言人物未生之前而造化之理則謂之善人
物既生而各得其理則謂之性是善與性相對其言
善則重孟子以人之所受於天者言是所謂成之者

性而言善則輕言雖不同孟子之言實源於孔子非有二本也至若荀卿之言性惡揚子之言善惡混韓子之言性有三品皆以見於氣質者言而不知性之本然其說固宜異矣迨世儒者若眉山蘇氏則曰性未有善惡得無近於揚子之說乎五峯胡氏曰性無善惡又云謂之善者不過贊嘆之辭皆不能得其性善之旨但以理氣混而言之必如程子之言曰論性不論氣不備論氣不論性不明二之則不是也人稟陰陽五行之理氣而生而有剛柔易險智愚之不

一衮說由賦形受氣之時所稟有不同也故得陽氣之多者則過於剛烈得陰氣之多者則過於柔弱躁暴忿厲則為陽氣之惡殺譎姦險則為陰氣之惡者其聖哲之流智慮明敏者非得夫氣之清乎下愚不移善言難入者又非稟夫氣之濁乎且五常之謂性孟子止言四端而朱子亦曰與之以仁義禮智之性而皆不及信者蓋有誠心為四端而信在其中矣故五常之信猶五行之土無定位無成名無專氣而五行無不待是以生也性發而為情中庸不曰性情而

曰中和蓋中者無所偏倚所以狀性之德和者無所乖戾所以著情之正中庸之言情四程子又謂其中動而七情出焉蓋中庸言情則其發於性之中者言而程子則以外物觸之者不一而有此七情出也然七情之於五性則哀喜愛欲者仁智之發怒與惡是則義之著而懼非禮之所爲乎未知是否無惜垂教之幸甚

第三冊

同考試官詹事府左中允 右男林坤 批 五經博聞示各見其所見又人之實

考試官侍讀學士馬 批 某識高邁文思可觀

考試官學士錢 批 此篇剖析詳明文詞簡暢宜收素有謀畫

一問

嘗謂三才之植立萬化之流行自一息至於不可終窮自一毫至於不可限量所以經維主宰者道而已執事發策下詢承學以道為問甚盛心也敢不撫紀載於經傳發明於儒先者以對竊稽諸易其繫辭曰

立天之道曰陰與陽立地之道曰柔與剛立人之道曰仁與義天高地下人位乎中天之道既不出乎陰陽地之道亦不出乎柔剛會仁與義其何以立人之道哉然聖人於斯道生而知之安而行之自然而然者此聖人之德故子思謂誠者天之道賢人於斯道學而知之利而行之使然而然者此賢人之學故子思謂誠之者人之道雖不言地舉天而地在其中矣中庸自二十一章而下至誠盡性而參贊化育至誠前知而先見如神博厚高明與天地悠久祖述憲章

與天地同德聰明睿知而極博厚淵泉之盛經綸之
本而有其淵其天之妙此自誠明之事自然而然者
豈非天道之謂乎致曲而至於有誠成己而及於成
物尊德性充其道之大道問學盡其道之小無不用
誠不尊而爲下不倍本諸身徵諸民而在上不驕此
自明誠之事使然而然者豈非人道之謂乎至於問
仁顏克己復禮爲乾道顏子資質剛明此乾道奮發
而有爲以主敬行恕爲坤道仲弓資質渾粹此坤道
靜重而持守夫子各因其材而篤之亦非使然而然

人之道也中庸以知之至行之盡而道在聖人故謂
聖人之道王天下有三重本諸身若有其德以居其
位故謂君子之道本於堯舜之孝弟夫子之忠恕皆
謂而已矣者竭盡無餘之詞又有謂為士之次違
道不遠與若堯舜人倫之至此全體之孝弟士但能
不失其良心而已此一節之孝弟夫子之一理渾然之
應曲當此聖人之忠恕學者之盡己推己以求聖人
之道此學者之忠恕道在天下人皆可以與知能行若推
其極雖聖人亦不能加毫末於其間也豈有二理乎哉　謹對

第四問

陳雲鵬

同考試官教授劉　批歷代學制皆能詳悉而且有識論考

古之士也實六之選例識可不究

考試官侍講學士馬　批策本老援可取

考試官學士錢　批考證明而文詞整策條亦優

自古帝王之御世也必以教民為先而教民之道必以學校為務學校既興則可以教化為善俗矣稽之三代夏曰校殷曰序周曰庠皆鄉學也國都之學曰

名曰學校又以大學為右學小學為左學亦曰瞽宗周以大學為東膠小學為虞庠皆以教國之子弟而養老習射受賑獻馘皆在焉而其教也八歲入小學十五入大學有六德六行為之本又以六藝習其文莫不率教則有八刑之糾焉當時天子公卿躬行於上言行政事皆可師法所以三代之民直道而行而風俗為甚美矣漢興承秦焚亂之餘制度草創未遑學校之事孝文時文翁興學於蜀止於一郡而論者謂自高惠至于文景務民敦厚幾致刑措而其所以

然者由於高惠之寬仁文景之恭儉以致之也武帝納董仲舒之言立太學及郡國學用田蚡為相黜黃老刑名百家之言延儒者以百數各以經授徒名亦美矣而其實則未有焉光武中興崇重儒術首建太學稽式古典修明禮樂明帝尊師重傅臨雍拜老期門羽林之士悉通經義又為樊郭陰馬立四姓小侯學而郡國之學亦嘗舉焉西漢尚經術由於武帝用公孫弘之徒東漢尚風節由於光武物色嚴光之流之所為也至於唐太宗大召名儒增廣生員增築學

舍千二百間又設六學皆隸國子監生徒皆有數國
子生三百人大學五百人四門學三百人律學五十
人書學算學各三十人以及屯營飛騎皆給博士授
經外國皆遣子入學鼓篋踵堂者至八千餘人學校
之盛自漢以來未之有也當時斗米三錢外戶不閉
亦其當而教之時矣而躬行則有未至士習之流徒
以詞章為尚而無益於風俗也逮至有宋大祖初開
國子監數臨幸焉當時州縣學雖未遍立而儒者往
往依山林間講授大率多至數百十人有若嵩陽嶽

[illegible]附以書院為[illegible]宗學[illegible]中[illegible]縣[illegible]

于州縣學及講授之所至仁宗慶曆間范仲淹言欲復古勸學而取人必本行實歐宋諸公亦言士必土著而教之而後州縣察其履行而舉之州縣之學於是皆立矣然當時士尚忠厚真儒輩出卒以接絕學於千載之上而風化之盛幾於三代也然則風俗之厚實本於學校之興尤有本於上之躬行以致之實見如是幸執事教之

第五問

學廣儒

同考試官侍讀習　批　氏答備而所以崇殊異推作

考試官侍講學士馬　批　策本考據善答可取有識之士也

考試官學士錢　批　此策所問論中多不敢泛泛舉以對雖

此篇於先儒之言皆有所考允為傑作

嘗謂國家得賢以成治功賢才用世而著勳烈故有一代之興必有一代之臣推之往昔蓋可見矣執事發策以漢唐宋人臣之賢者為問敢不歷舉以對夫漢之興明辨遠理以奇謀至計佐高祖成帝業平生

勢利不係於心主雖輕士善罵敬之不敢慢順之不
敢强卒之明哲保身此子房所以優於三傑也正誼
明道學術純正君子謂漢廷大臣攻君之過棄君之
譽獨有其人求其大正君心引之志於仁者董仲舒
其庶幾乎正直忠厚足以闢公孫弘之阿諛張湯之
殘刻至使淮南寢謀武帝亦敬憚之謂古有社稷臣
汲黯近之當漢末造三方鼎峙立國西蜀規取中原
復漢討賊以仗大義其心未嘗一日忘凡其所立之
奇偉者惟以亲忠思集衆益開誠心布公道四者爲

之本此諸葛武侯誠一世之人龍也魏鄭公忠亮自任佐主於維新之朝犯顏強諫瀕死不悔致君堯舜其言成貞觀之治以功名終陸宣公諳練治體從主於艱虞之際知無不言言無不盡曲折調護以脫奉天之難一不恤其身范文正以氣節成素負先憂後樂之志世皆仰其為第一流人及至登用會見有為屢遭屈抑而不挫大厲名節振作士大夫之功為多韓忠獻識量英偉平生喜愠不形諸色兩定大計國家危疑之際身任其責知無不為不以豫慮利害而輟卒安

社稷德業盛大哉之右人無少阻焉司馬文正恭儉

正直終身語未嘗妄容人盡言雖迕之而不慍識出

自然遠夷畏服晚登相位更張新法民之老稚交口

稱快如獲更生君子稱其有旋乾轉坤之功非虛語

也謹以是徵明問未知是否裁之幸甚

會試録後序

治化之盛關乎氣運之盛然亦繫乎賢才衆多相與輔成之而賢才之出則又本乎上之作新鼓舞以致然也書言俊乂在官必繇帝舜之俞受敷施詩詠濟濟多士而必自文王之譽髦斯士我

國家膺
天明命運際亨嘉文教丕隆政化清穆
薄海內外咸起帝臣之願不以遐
僻而有間者豈無所自然哉欽惟
皇上纘承
列聖益弘化理嗣大歷服之初即御
經筵講學論道日夕益勤

躬視太學釋奠
先師孔子尊崇聖道屢勑天下有司
董勸學政以風勵士類故為士者
咸感激砥礪力於奮庸欲建立事
功垂聲光於永久者彬彬焉出其
人才衆多是以媲美乎虞周之朝
宜其治化之盛亦比隆於虞周之

世也迺正統乙丑春二月天下貢
士千二百人就試于禮部至期尚
書臣濙以考試官請
皇上命臣習禮臣愉往涖其事壬子鎖院癸丑
丙辰己未凡三命題試遽撤棘得
其文之優菁者百五十人小録既
成臣愉謹序其後竊惟士修於家養

於學朝夕涵泳培植性情啓迪志慮
心以德行道藝為本而科目之取必
識之以文詞者蓋德行道藝蘊於
心欲見諸事為之著非言爲不足
以發之文則言之成章者也然文
必以理為主然後見其學之正言
之純龐乎其道德之文匪徒為馳

將姸麗縁飾藻繪而已諸士子生
逢
全盛之日大音正完而能以文得儁
登名兹録藹乎其德義之發行將
奉
清問膺
寵命列官顯要尚其以是言體諸身

措諸事而思其賦其概所以宅心制

丁圖惟遠大澤潤生民翼贊

聖化而有以鳴

國家之盛尤足見所學爲在大高明

之歸矣願相與勉旃

翰林院侍　講學士奉直大夫馬愉

謹序